바울은 그렇게 가르치지 않았다

WHAT PAUL MEANT
by Garry Wills

Garry Wills 게리 윌스 기독교 3부작 ②

바울은
그렇게 가르치지 않았다

게리 윌스 | 김창락 옮김

WHAT PAUL MEANT

돋을새김

차례 ▌Contents

| 일러두기 |

1. 성서 인용문은 개정판 표준새번역(2001년 판)에 따랐다.

2. 저자가 국내 교계에서 통상적으로 사용하는 것과 다르게 사용한 용어들은 — 메시아/그리스도 예수, **사절**/사도, **모임**/교회 등 — 저자의 의도에 따라 그대로 번역하는 것을 원칙으로 하되, 경우에 따라서 독자들의 혼동을 피하기 위해 통상적인 용어로 번역하기도 했으며, 필요한 경우에는 해석에 대한 옮긴이 주를 달았다.(저자가 특별히 사용한 용어들과 그 번역에 대해서는 이 책의 부록 〈바울 번역하기〉를 먼저 참조하라.)

3. 일반적인 인명과 지명은 외래어표기법에 따랐으며, 성서에 나오는 인명과 지명은 개정판 표준새번역(2001년 판)을 따랐다.

4. 문장 부호와 강조는 원서에 따랐으며, 옮긴이가 강조한 부분은 따로 표기했다.

5. 주의 경우, 저자가 달아놓은 주에는 * 표시를 했으며, 옮긴이가 붙인 주에는 별도의 표기를 하지 않았다.

바울은
그렇게 가르치지 않았다

What PAUL Meant

여는 말

"나쁜 소식 전달자"

많은 사람들이 유다를 예수의 으뜸가는 배반자였다고 생각한다. 그렇지만 바울이야말로 그런 칭호를 받을 자격을 더 많이 갖추었다고 생각하는 사람들도 있다. 그들은 주장하기를, 유다는 예수의 육신을 죽음에 넘겨주었지만 바울은 예수의 정신을 매장해버렸다고 한다. 갈릴리 출신 방랑 설교자의 단순한 가르침을 바울이 그 자신이 꾸며낸 허황하고도 암울한 신학으로 대체했다는 것이다.

토마스 제퍼슨Thomas Jefferson은 그의 친구 윌리엄 쇼트William Short에게 보낸 편지에서, 바울이야말로 "예수의 가르침을 최초로 오염시킨 자"였다고 했다. 버나드 쇼Bernard Show도 자신의 희곡 〈안드로클레스와 사자〉의 서문에서 똑같은 말을 했다. "예수의 정신에 바울 정신의 결점들이 덧씌워진 것보다 더 꼴사나운 덧씌우기가 여태

껏 저질러진 적이 없다." 이러한 말은 바울이라는 인물이 네 명의 기쁜 소식 선포자를 누르고 승리한 사정을 대변한 것이다.[1] 이러한 바울을 니체는 그의 저서 《그리스도 적대자The Antichrist》에서 "나쁜 소식 전달자(The Dysangelist)", "증오심을 부추기는 데 천재성"을 지닌 사람이라 일컬었다.

버나드 쇼는 1928년에 쓴 편지에서 "바울이 세상에 태어나지 않았더라면, 세상을 위해선 훨씬 더 좋았을 것이다"라고까지 말했다.

무엇 때문에 바울에 대해 이처럼 가혹한 평가를 내리는 것일까? 사람들은 바울이 인간의 마음을 죄로 말미암은 멸망과 숙명이라는 감옥 속에 처넣고, 인간이라는 존재를 "인간의 지체 속에 있는 법"에 굴복시키고[2] 인간을 "육신"이라는 덫에 걸리게 함으로써[3] 그 어떤 도덕적 노력이나 종교적 규약을 통해서도 인간들이 이러한 굴레로부터 해방될 수 없도록 만들었다고 한다. 바울은 아우구스티누스와 루터 그리고 파스칼만큼이나 염세주의 사상을 강력하게 불러일으켰다(니체는 이러한 바울을 일컬어 '유대인으로 변신한 파스칼The Jewish Pascal'이라 했다).

이렇게 엄청나게 암울한 내용의 소식은 무슨 일에 이용되었을까? 바울 서신들은 여성들, 결혼, 동성애자들과 유대인들 — 특히 유대인들에 대한 공격의 적절한 무기를 구하려고 할 경우에, 지난 수세기 동안 즐겨 찾아가는 곳이 되었다.

독일의 위대한 학자 하르낙Adolf von Harnack은 자신의 저서 《기독교란 무엇인가?》에서, 바울이 "복음이야말로 유대교라는 율법 종교를 폐지하는 하나의 새로운 힘이라고 확신했다"고 밝혔다. 유대인들이 이러한 판단을 결코 달가워하지 않은 것은 당연하다. 유대인들은 그리스도교의 뿌리 깊은 반셈주의[4]는 많은 부분 바울에게서 유래했다고 생각했다. 루벤스타인Richard Rubenstein은 불평하기를 몇몇 유대인들의 태도를 다음과 같은 말로 요약할 수 있다고 했다: "예수는 괜찮아(yes), 하지만 바울은 절대 안 돼(never)."[5]

✛ 국외자

바울이 어떻게 예수의 메시지를 그렇게도 일찍이 또 그렇게도 철저하게 전복시킬 수 있었을까? 바울이 그렇게 했다고 믿는 사람들은 그가 그렇게 할 수밖에 없었다고 주장한다. 자신이 만나본 적도 없는 예수를 알려고 하거나 이해하려고 할 이유가 전혀 없었기 때문이라는 것이다. 실제로 예수가 지상에 있는 동안 바울은 그와 같은 나라 안에 있었던 적이 전혀 없다. 유대 땅에서 태어난 예수는 한 번도 그곳을 벗어난 적이 없었다.

바울은 길리기아(더 정확하게 말하자면 다소) 출신이며 시리아(더 정확하게 말하자면 다마스쿠스)에서 예수의 추종자가 되었다. 바울은 예수께 충성을 고백한 이후에도 3년 동안이나 유대에 올라가지 않았고,[6] 3년이 지난 후에 예루살렘에 올라가서는 겨우 보름 동안만 머물렀다. 그리고 이 첫번째 예루살렘 방문 후 14년 동안 유대 지방을 멀리 떠나 있었다(갈 2:1). 그는 스스로 증언하건대, 유대 지방에서는 그를 알아보지도 못한다고 했다: "그래서 나는 그리스도 안에 있는 유대 지방의 모임들(gatherings/교회들)에게는 얼굴이 알려져 있지 않았습니다"(갈 1:22). 자신이 유대인 가운데 유대인이라는 사실을 입증하려 했을 때도 그는 유대에서 출생했다거나 유대에서 양육을 받았다고 주장하지 않았다(빌 3:4-6). 실제로 그는 기회 있을 때마다 자신이 예루살렘에 있는 신도들의 모임들로부터 얼마나 멀리 떨어져 있었으며 독립적이었는가를 강조했다.

그렇다면 바울은 예수께서 태어나 사신 땅에서 행하거나 말씀하신 것에 관하여 어떻게 그렇게 많이 알 수 있었을까? 사실 바울의 서신들에는 예수께서 지상에서 하신 일들이나 말씀들에 관한 명시적인 언급이 별로 없다. 그는 조국 유대에 대해 아는 바가 변변치 못했으므로 디아스포라[7]에서 그에게 나타난, 부활하신 예수께 온 관심을 집중한다. 바울 비평가들에 따르면, 바로 이 디아스포라 지역이 바울이 자신의 신학 사상의 구성 요소들을 수집하여 하나의 새로운 종교 속으로 엮어 넣는 작업을 한 곳이다. 이렇게 할 때에 바울은 예수의 삶 속에서 전개된 의미심장한 사건들보다는 자기 자신의 심리적 기질과 그리스식 교육을 더 많이 반영시켰다. 위대한 성서 신학자 불트만은 말했다. "바울에게는 역사적 예수의 가르침은 별다른 역할을 하지 않거나 실질적으로 아무런 역할을 하지 않는다 … 사실상 그의 서신들은 예수의 역사와 설교에 관한 팔레스타인 전승의 영향을 받은 흔적을 거의 보여주지 않는다."[8]

바울은 자신이 사적으로 받은 계시 외에는 예수에 대해 잘 안다는 것을 증명해 주는 것도 없었지만, 대담하게 원래의 열두 제자들과 의견을 달리하고 그들을 비판했다. 그의 비판의 화살은 열두 제자의 우두머리인 베드로와 주님의 동생[9] 야고보도 빗겨가지 않았다. 야고보는 40년대 말이나 50년대 초부터 예루살렘 교회를 관장한 인물이기도 했다. 바울은 베드로를 위선자라고 힐책했으며 복음의 진리대로 똑바로 행하지 않는다고 비난했다(갈 2:13-14). 바울은 고린도의 '베드로 파'에 대항하여 자신을 방어했다(고전 1:12). 바울은 베드로가 야고보에게 잘못 인도되었다고 생각했으며(갈 2:12), 그들 두 사람을 예루살렘 교회의 '기둥들'로 여김을 받는 존재들이라고 언급하기도 했다(갈 2:9).

자기 자신의 종교를 창설하는 사람에게 걸맞게 바울은, 초기 비평가들의 눈에는 '이단들의 원조'가 되었다.[10] 그리스도교 역사 전체를 통해서 바울은 분열의 표지가 되었으며 많은 사람이 걸려 넘어지는

돌부리가 되었다. 2세기에 베드로와 야고보의 이름으로 저작된 위경
僞經 문서들은 바울을 사탄의 도구였다고 비난할 판이었다. 그 반면
에 이 시기의 마르시온 추종자들은 오직 바울과 바울적인 특성을 나
타내는 '누가Luke'만이 진정으로 영감 받은 저자라고 주장했다.[11]

이러한 종류의 갈등은 다양한 "반율법주의자들"[12]이 바울을 자신
들에게 유리하게 이용했던 중세시대까지 지속되었다. 이 문제는 바
울이 전하고자 했던 진정한 의미가 무엇이었는가를 두고 격렬히 다
투었던 종교개혁에서 절정에 이르렀으며, 때때로, 예수께서 의미하
신 바가 무엇인지에 대해선 그다지 관심이 없는 것처럼 보일 지경이
었다.

그렇다면 빌헬름 브레데Wilhelm Wrede를 비롯한 몇몇 사람들이 바
울을 예수 다음가는 '제2의 그리스도교 창설자'였다고 주장하는 것은
충분하지 않다. 사실은 바울이 그리스도교의 유일한 창설자가 되었
으며 그는 예수를 곡해시켜 그 자신의 종교를 남겨 놓지 않은 것으로
만들었다.

✢ 서신들

무엇이 바울을 이같은 불화의 사과[13]가 되도록 만들었을까? 바울

자신의 말 속에 그 문제의 기원起源이 있다. 흔히들 역사적인 예수를 찾기 어려운 것은 그가 자신의 저작물을 남기지 않았기 때문이라고 하지만, 바울은 도리어 저작물들을 남겼기 때문에 정확하게 파악하기 힘들다. 신약성서 정경에서 바울의 저작으로 추정하는 문서는 13개지만, 우리가 그 문서들을 꼼꼼히 읽으려고 시도할 때 그러한 일반적인 인식은 깨지고 만다. 그 중 거의 절반(13개 서신 중 6개 서신)은 많은 학자들로부터 진정한 바울 서신이라고 인정받지 못하고 있다.[14]

게다가 일곱 개의 진정 서신들 중 몇 개는 단일 문서가 아니라 몇 개의 서신들(또는 서신들의 일부분)로 구성된 복합 문서이기도 하다. 또한 이렇게 복합된 부분들이 내용상으로 서로 모순을 보이는 경우도 있다.[15] 파피루스 두루마리에 쓴 최초의 편지에 하나 혹은 그 이상의 편지가 덧붙여졌을 것이며, 훗날 그 두루마리를 필사할 때 그 모두를 한 개의 편지로 취급하여 필사했을 것이다. 그러므로 현재 우리에게 전해진 일곱 개의 진정 서신들은 여덟에서 열두 개의 편지들(또는 편지의 부분들)의 합성물인 셈이다. 이 밖에도 바울이 분명히 언급하거나, 독자들이 그럴 것이라고 추측하는 분실된 편지들이 있다.

바울이 널리 알려지기 전에, 그가 쓴 편지의 가치를 알아차리는 사람들이 늘어나기 전에, 그리고 교회 공동체들이 문서들을 보존하는 일에 관심을 기울이기 전에, 바울은 많은 편지들을 썼을 것이다

("바울의 편지는 무게가 있고, 힘이 있지만, 직접 대할 때에는, 그는 약하고 말주변도 변변치 못하다"라고 말하는 사람들이 있습니다"(고후 10:10).) 어쩌면 나중에 쓴 편지들은 교회를 난처하게 만든다는 이유로 금지되거나 폐기되기도 했을 것이다. 바울의 말년末年과 죽음에 관해서 공백이 생긴 것도 이러한 이유 때문이었을 것이다. 그러므로 우리가 가지고 있는 바울의 저작물 모음은 완전한 것이 못 된다. 그들 사이에는 수많은 틈새들이 있는데 알려진 것들도 있고 알려지지 않은 것들도 있다.

현존하는 소수의 서신들을 키질하여 진정한 알맹이를 찾아낸다 하더라도, 그 서신들은 여전히 모호하거나 의미를 파악하기 어렵다. 바울의 서신들이 저작된 지 반세기 정도가 지나기 전에 베드로후서의 저자가 바울의 서신들은 이해하기 어려우며 종말이라는 주제에 대해 오도誤導할 가능성이 있다고 언급했다.

그리고 우리 주님의 오래 참으심이 구원을 위한 것이라고 생각하십시오. 그것은 우리의 사랑하는 형제 바울이, 자기가 받은 지혜를 따라서 여러분에게 편지한 바와 같습니다. 바울은 모든 편지에서 이런 것을 두고 말하고 있는데, 그 가운데는 알기 어려운 것이 더러 있어서, 무식하거나 믿음이 굳세지 못한 사람은, 다른 성경을 잘못 해석하듯이 그것을 잘못 해석해서, 마침

16

내 스스로 파멸에 이르고 말 것입니다.(벤후 3:15-16)

사람들이 바울의 서신들을 읽는 데 어려움을 느끼는 것은 당연하다. 이 서신들은 특정한 지방의 위기를 처리하기 위하여 써 보낸 임기적臨機的인 글들이다.[16] 바울은 여러 가지 투쟁의 한복판에서 수신인들 편에서 제기한 물음에 답변을 하거나 적대자들을 반박하기 위하여 이 편지들을 구술하고 받아쓰게 했다. 그의 답변 속에 적대자들의 모습이 명확하게 제시되지 않는 경우도 있다. 우리는 바울의 상대쪽이 무엇을 외치는지 알지 못하면서 바울의 격앙된 목소리를 듣는다. 바울이 사용하는 매정한 말들 중 일부는 그 말을 처음으로 사용한, 보이지 않는 그의 비평가들에게 부딪쳐서 울리는 반향이었다.

웨인 믹스Wayne Meeks가 다음과 같이 말한 것은 옳다: "우리는 순수한 바울 사상이 그 자체의 내적 논리를 따라 한가롭게 전개되는 것을 찾아볼 수 없다. 오히려 우리는 바울이 주로 즉각적인 논쟁의 열기 속에서, 언제나 압박을 받으면서 사유하는 것을 본다."[17] 그 결과 때때로 뜨거운 언어가 용암처럼 마구 분출하며, 자기변호나 간곡한 권고의 말들이 뒤섞여 쏟아지는 것이다.

바울은 냉정하고 담담한 철학자가 아니라 전투태세를 갖춘 사자使者였다. 그는 니체가 말한 대로, 때로는 "자기 자신과 남에게 싫은 인물"이었다. 그는 신비주의자이며 심원한 신학자였지만, 동시에 수다

스러운 길거리 싸움꾼이며 많은 전선을 감당하느라고 분주한 사람이었다. 그는 자주 괴로워하기도 하고 때때로 격분하기도 했다. 아켄슨 Donald Harman Akenson이 강조하듯이, 바울을 상대한다는 것은 뒤범벅이 된 싸움판에 뛰어드는 것과 같은 일이다.

> 바울은, 그의 서신에 드러난 대로, 어떤 틀에 잡히지 않는 인물이었다. 그는 이 도시 저 도시에 번갈아 나타났다. 그는 때로는 분화구 같은 크기의 족적을 남기는가 하면 때로는 어떤 흔적도 전혀 남기지 않기도 했는데, 이런 경우에는 그가 왔다 갔다는 유일한 흔적으로 반 문장 정도의 글귀만 나중의 서신에 끼워 놓을 따름이었다.
> 역사적 관찰자에게 그는 화를 돋우는 인물이다. 왜냐하면 그는 적어도 예상되는 때에 나타났다가는 우리가 그에게 가장 유용하리라고 생각하는 바로 그때에 시야에서 잠적하니 말이다.[18]

이러한 파란만장한 신학적 여정을 따라가는 것은 힘겨운 일일 수 있다. 아켄슨의 말을 다시 인용해보자.

> 때로 바울은 큰 도시 고등학교의 부교장 선생님을 떠올리게 한다. 이 부교장 선생님은 대학 진학 특별반의 미적분 과목을 매

일 가르쳐야 한다. 그 다음에는 그 과목의 수장으로서 교실에서 일어난 싸움을 말려야 하고, 그 다음에는 편두통으로 조퇴한 공작 교사의 자리를 대신 메워야 한다. 방과 후에는 미식 축구 팀의 공격선 코치를 한다. 그리고 마지막으로 밤에는 시의회의 특별 회의에 나타나서 미술과 음악반의 재정 지원을 계속해주어야 한다는 깔끔한 토론을 벌여야 한다.

우리는 바울 서신이라는 정경을 어떻게 존중하는가? 우리는 그 서신의 때때로 산만하고, 때때로 단음적斷音的인 면을 그 진정성에 대한 보증의 일부로 받아들임으로써 그렇게 한다. 이렇게 하여 바울 서신은 사명을 받은 사람의 말씀으로 여겨진다.[19]

한 사람이 다방면의 수많은 과제를 처리해야만 할 때 흔히 그렇듯이, 바울은 상이한 상황들에 상이한 방법으로 대처했다. 그는 예수를 따르는 사람들 가운데서 할례를 받은 사람들과 할례를 받지 않은 사람들을 다르게 다루는 것에 대해 끊임없이 해명해야 했다. 그는 갈라디아에 있는 교회의 신도들과 로마에 있는 교회의 신도들에게 유대교적 음식 규례의 준수에 대해 각각 상이한 조언을 했다. 그는 고린도 사람들의 재정적 지원은 거절했지만 갈라디아(옮긴이: 이것은 아마도 '빌립보'의 착오일 것이다) 사람들의 지원은 기꺼이 받았다. 그는 자신의 선교 전략의 유연성에 대하여 솔직하다.

나는 어느 누구에게도 얽매이지 않은 자유로운 몸이지만, 많은 사람을 얻으려고, 스스로 모든 사람의 종이 되었습니다. 유대 사람들에게는, 유대사람을 얻으려고 유대 사람같이 되었습니다. 율법 아래 있는 사람들에게는, 내가 율법 아래 있지 않으면서도, 율법 아래에 있는 사람을 얻으려고 율법 아래 있는 사람같이 되었습니다. 율법 없이 사는 사람들에게는, 내가 하나님의 율법이 없이 사는 사람들을 얻으려고 율법 없이 사는 사람같이 되었습니다. 믿음이 약한 사람들에게는, 약한 사람들을 얻으려고 약한 사람같이 되었습니다. 나는 모든 종류의 사람들에게 모든 것이 다 되었습니다. 그것은, 내가 어떻게 해서든지, 그들 가운데서 몇 사람이라도 구원하려는 것입니다. 나는 복음을 위하여 이 모든 일을 하고 있습니다. 그것은 내가 복음의 복에 동참하기 위함입니다.[20]

바울은 이처럼 다양한 처신과 이러저러한 엇갈리는 태도에 대하여 수긍이 가는 이유를 제시하는 것이다. 그렇지만 이러한 다양성 때문에 그를 추적하는 것이 쉽지 않다.

✛ 가장 좋은 증인

많은 사람들이 바울의 심리 드라마를 피해 순수한 복음서들로 '되돌아' 가고 싶어 하는 것은 당연하다.[21] 복음서들은 예수를 이해하는 문제를 놓고 논증을 벌이지 않고 그저 그분을 보여줄 뿐이기 때문이다. 중세시대의 사람들은 예수의 원 추종자들이 직접 목격한 일들을 기록했다고 생각했기 때문에 복음서로 되돌아가는 지름길로 들어서는 것이 분명 매우 쉬운 일이었다. 이러한 생각은, 예수의 단순한 가르침에 충실했던 원시 교회가 훗날 바울의 의심과 이론과 논쟁에 휘말려 오염되었다(이것은 토마스 제퍼슨Thomas Jefferson의 주장이다)는 식의 오해를 불러일으켰다.

그러나 복음서들이 단순한 전기적 바탕을 지니고 있다는 생각은 학문적인 연구를 통해서 허물어지게 되었다. 복음서들은 교묘하게 다듬은 신학적 구성물이며, 어느 하나도 세칭 그 저자들이라고 알려진 사람이 지은 것이 없다. 모든 복음서에는 둘째, 또는 셋째, 또는 넷째, 손을 거친 이야기들이 자료로 이용되었다. 모든 복음서는 바울 서신이 나온 이후 사반세기에서 반세기 동안에 저술되었다.

우리가 원래의 예수 공동체들의 모습이 어떠했는지 알기를 원한다면, 그에 대한 최초의 그리고 가장 좋은 증인은 바울이라는 사실을 알아야 한다. 그는 훗날 신약성서가 될 문서들을 가장 먼저 쓴 저자이다. 실제로 신약성서 문서들 중에서 그의 진정 서신들만이 그 저자가 누구인지 말할 수 있는 유일한 것들이다.

복음서들은 나중에 저술된 것으로, 바울이 우리들에게 드러낸 갈등들을 이미 포함하고 있는 역사를 설명하려고 한다. 신약성서를 통해 드러난 하나님의 계시를 믿는 사람들이라면, 하나님께서 바울의 서명署名이 달린 영감 받은 최초의 문서 묶음을 보존해두셨다는 사실을 염두에 두어야만 한다.

바울의 서신들은 대략 예수의 사후 20년쯤에 씌어졌다. 바울 또는 다른 작가들을(예를 들어 베드로, 야고보, 요한) 저작자로 돌리는 신약성서의 나머지 서신들은 바울의 진정 서신들보다 20년에서 50년 후에 씌어진 것들이며, 바울이 쓴 서신의 형식을 모방한 것들이다.

많은 공동체에 기쁜 소식을 전해준 사람은 바울이었다. 그리고 그는 아직도 우리에게 기쁜 소식을 전해주고 있다. 내가 논증하려는 것은 '바울이 전하려 했던 것이 예수가 전하려 했던 것과 다르거나 모순되지 않으며, 오히려 바울을 연구함으로써 예수를 가장 잘 알아볼 수 있다는 사실'이다.

신약성서의 다른 어떤 말씀들보다 바울의 서신들이 예수에게 더 가까이 다가서 있으며, 가장 먼저 씌어진 것들이며 가장 먼저 갈무리된 것들이다. 스스로 누가라고 일컫는 어떤 사람의 작품인 〈사도행전〉을 읽을 때 우리는 이러한 사실을 기억하고 있어야만 한다.

22

사도행전은 바울의 선교 여행과 가르침을 예수 운동의 초기 구성원들의 활동 속에 통합시켜 기술하고 있다. 바울의 서신들은 사도행전에서 언급된 연대나 쟁점들의 견지에서 해석되곤 했다. 하지만 이처럼 훗날 작성된 설명이 그보다 앞서 작성된 진정 서신들과 종종 그 내용이 상충相衝되곤 한다.

그렇게 되는 데는 그럴 만한 이유가 있다. 누가가 바울의 서신들 중에서 어느 것도 인용하거나 언급하는 경우는 없다. 사실 바울의 서신들이 존재한다는 것조차 모르고 있는 것처럼 보이기도 한다. 혹시 알고 있었다면, 그것들을 귀찮게 여겨 무시하는 것이 가장 좋다고 생각했을 것이다. 이것만으로도 '누가' 자신이 바울을 알고 있었으며, 더 나아가 그와 함께 여행하거나 활동한 것처럼 제시하는 이미지를 충분히 무너뜨릴 수 있다.

사도행전이 바울의 이야기를 전하려고 할 때, 그것을 매우 주의해서 다루어야 할 또 다른 이유들이 있다. 누가는 로마인들이 예루살렘 성전을 파괴한 이후에(서기 70년) 글을 쓰고 있지만, 그 재난은 바울이 글을 쓸 때로부터 수십 년 후에 일어났다. 누가의 동시대 사람들은 당시 성전을 떠나 유랑하면서 회당에서 예배를 드리던, 자신들의 모체인 유대 사람들과의 당혹스러운 관계를 해결하기 위해 노력하고 있었다.

누가의 시대에 원시교회라는 모습으로 별개의 교회가 형성되기 시작하고 있었다. 이 교회의 조직은 미완성 단계였기 때문에, 다양한 공동체들이 좀 더 조직적인 방식으로 연결되어가는 과정에 있었다. 이 원교회proto-church[22]는 회개한 사람들이 귀의하는 몸체인데, 누가는 바울을 그런 사람들 중 한 명으로 취급한다. 또한 누가는 원시교회를 통일시키려는 자신의 프로그램과 일치시키기 위해, 바울을 예루살렘 공동체가 흩어지기 전에 그곳에 속했던 구성원으로 등장시킨다.

누가는 바울의 행적이 로마 제국과 좋은 관계를 유지한 것처럼 보이도록 만든다. 심지어는 바울을 로마의 시민권을 가진 사람으로까지 만든다. 누가는 예수를 믿지 않는 유대인들과 바울의 관계를 바울의 서신에 나타나 있는 것보다 훨씬 더 적대적이었던 것처럼 그린다. 이것은 예루살렘 성전의 소멸과 더불어 유대인의 세계가 거꾸로 뒤집혀져 있던, 누가 자신이 겪고 있던 상처 입은 시대의 쓰라린 상황을 반영하고 있는 것이다.

누가와 바울이 각각 처해 있던 상황은 달랐다. 바울은 자신이 결코 새로운 종교로 개종한 것이라 생각하지 않는다. 바울은 유대인들의 하나님인 여호와(야훼, Yahweh)와 유대인들의 메시아를 전한다. 바울은 유대인들의 회당에서 복음을 전한다. 사람들을 인도하여 예수를 믿게 할 때는, 당시의 유일한 '성서'였던, 유대교의 거룩한 문서들의 말씀으로 그들을 가르친다.

바울의 서신들은 그가 죽고 나서 한참 지나서야 비로소 훗날의 문서들과 함께 묶여 '신약성서'라는 별개의 성서를 형성하게 되는 것이다. 비록 바울의 시대에 예수를 믿는 유대인과 믿지 않는 유대인 사이의 관계가 점점 긴장되어가고 싸움질까지 하는 지경에 이르렀지만, 그는 영원한 단절은 있을 수 없다고 말한다.

역사는 그 종국을 향해 빠르게 나아가고 있으며, 바울이 인정하는 오직 하나의 결론은 한 분이신 하나님께서 자기의 계약 백성들을 위해 구원의 방안을 마련해 놓으셨다는 것이다. "하나님께서 자기 백성을 버리셨습니까? 그럴 수 없습니다."(롬 11:1)

나는, 육신으로 내 동족인 내 겨레를 위하는 일이면, 제가 저주를 받아서 그리스도[23]에게서 끊어질지라도 달게 받겠습니다. 내 동족은 이스라엘 백성입니다. 그들에게는 하나님의 자녀로서의 신분이 있고, 하나님을 모시는 영광이 있고, 하나님과 맺은 언약들이 있고, 율법이 있고, 예배가 있고, 하나님의 약속들이 있습니다. 족장들은 그들의 조상이요, 그리스도도 육신으로는 그들에게서 태어나셨습니다. 그는 만물 위에 계시며 영원토록 찬송을 받으실 하나님이십니다.(롬 9:3-5)

하나님의 최종적인 구원 계획 속에는 이방 민족들도 포함될 것인데, 본래 하나님의 백성이 제외될 리 없는 것이다. 그 일이 일어나는 방법은 신비에 싸여 있다. 그러나 바울과 디아스포라에 있는 동료 신도들은 그 일을 서둘러 이루기 위해 노력하고 있었다. 우리는 바울 혼자만이 이런 노력을 쏟은 사람이 아니었으며, 디아스포라를 분주히 누비며 예수를 믿는 사람들의 공동체들을 세운 최초의 인물도 아니었다는 사실을 곧 알게 될 것이다.

바울은 이미 존재해 있는 토대 위에서 활동했다. 바울은 주님이 임명하신 사도들에게 배우기도 하고 그들을 가르치기도 했다. 바울은 낯선 도시에 갔을 때에도, 로마나 그 밖의 '예수 믿는 사람들의 모임'이 있는 다른 지역에서 온 동료 신도들을 만나 함께 활동했다.

만약 우리에게 익숙한(그렇지만 시대착오적인) 시각으로 후대의 억측을 따라 바울에게 다가가려고 한다면, 이러한 모든 것들을 이해하기 어렵다. 그것이 이 책에서 바울의 세계에 존재하지 않았던 것들과 관련된 용어의 사용을 단연코 부정하려는 이유인 것이다. 예를 들어 교회 혹은 그리스도인, 사제 혹은 성례聖禮와 같은 용어들이 여기에 해당한다(바울의 '교회 이전pre-churchy' 언어에 소급해가기 위해서는 이 책의 부록 참조).

바울이 '에클레시아이(*ekklesiai*)'에게, 즉 "예수 안에서 사귀는 모임들the gatherings in Jesus"에게 보낸 편지는, 특정한 남자나 여자의 집에 모인 사람들에게 쓴 것이다. 이러한 모임들은 같은 마을에 있거나 혹은 여러 마을에 존재했을 것이다. 바울은 각각의 경우에 그 모임 전체를 대상으로 말한 것이지, 어떤 한 지도자 혹은 몇몇 지도자들을 겨냥한 건 아니었다.

그런 가정 모임이 하나 이상 있는 소도시도 더러 있었다. 모임들 가운데는 위계제도가 없었으므로 어느 한 사람이 다른 사람보다 더 큰 권위를 갖는 법은 없었다. 남성이거나 여성이거나 둘 다이거나 관계없이, 집주인들이 그 모임의 비공식적인 지도자들이었다.

사절使節들('사도apostle'라는 낱말의 이러한 의미에 대해서는 이 책의 부록 참조)은 이 모임에서 저 모임으로 옮겨 다녔다. 그들은 통상적으로 조를 이루어, 주로 부부가 한 조가 되어 다녔다(롬 16:6-15). 베드로와 그의 아내, 또는 주님의 형제들과 그 아내들(고전 9:5)은 부부 조의 실례이다. 바울의 조에는 보통 대여섯 명의 동반자가 있었다. 바울 서신의 대다수는 공동 발신자의 명의로 씌어 있다. 그는 종종 남자들만이 아니라 여자들도 그의 동역자로 언급한다.

새 모임들은 이미 있는 모임들을 떠나서 따로 생겨났다. 때로는 바울의 조처럼 사절들의 일터에 따라, 때로는 그 모임이 외부의 친구들이나 친척들이나 조합원들에게 자연스럽게 닿을 수 있는 범위에 따라 새 모임들이 이루어졌다. 이 새 모임들은 같은 도시에나 다른 도시에 생겨났다. 이런 모임들은 놀랄 만한 속도로 불어났다. 이런 모임들은 바울이 예수를 믿기 전부터 이미 팔레스타인 바깥지역으로 확장되어 있었으며, 바울이 살고 있던 지역(시리아)에도 이미 존재해 있었다.

바울은 (바나바와 더불어) 기존의 안디옥 교회로부터 파송되어 활약하는 한 선교 조의 신출내기 협력자로서 그의 활동을 시작했다. 바울의 이야기는 어느 한 개인의 이야기, 즉 자기 자신의 종교를 자기 자신의 머리에서 고안해내는 어떤 종교적 천재의 이야기가 결코 아니다. 바울의 서신에 수록되어 있는 노랫말들은 그 전에 이미 공동체들이 지어서 부르던 것들이다. 바울은 자신이 전해 받은 전승에 끊임없이 호소하며 또 그것을 다른 사람에게 전해주었다.[24] 바울은 예수를 믿는 믿음이 온 디아스포라에 걸쳐 힘차게 폭발하는 것을 증언하는 사명을 맡은 자신을 중요하게 여겼던 것이다.

바울은 그 어떤 사람이나 집단이나 문서들보다 우리들을 예수에게 시간상으로 더 가까이 데려다준다. 예수가 자기를 따르던 초기 추종자들에게 전한 뜻이 무엇인지 알아내는 가장 좋은 방법은, 바울이 자신의 동료들인 신도들에게 전한 것이 무엇인지를 살펴보는 것이다. 그 신도들 가운데는 예수의 지상 생애 동안이거나 부활 후에 그를 직접 본 사람들도 많았다. 그렇지만 그들은 그 이야기를 기록으로 남기지 않았다.

바울은 기록을 남겼다. 그러나 그는 공유한 경험에 대하여 글을 쓴 것이지, 오직 하나뿐인 개인의 독특한 경험에 대하여 글을 쓴 것이 아니었다. 만일 바울이 예수의 적이요 훼방꾼이었다면, 왜 그가 예수를 알고 있던 사람들에게 그렇게 빨리 그리고 그토록 널리 받아들여졌겠는가? 바울은 예수의 적대 세력이 아니라, 예수에 대한 증언을 담당했던 초기 신도들 중 한 명이었다는 것이 그 해답이다.

디아스포라 지역의 예수 공동체들이 유대 지역의 예수 공동체들보다 생산성과 지구력이 더 강했다는 것이 확실하다. 어느 한 사람의 슬기나 활기나 속임수 때문에 그랬던 것이 아니라 디아스포라의 모임들(교회들)이 예수가 뜻하신 바를 더 생명력 넘치게 표현했기 때문이다. 바울은 이러한 믿음 폭발의 일부분이었다. 그의 서신들은 그 거대한 폭풍 같은 활동 현장에서 급히 보낸 공문서인 셈이다.

✣ 바울의 글들

신약성서 중 바울을 저자로 추정하는 것은 열세 개의 서신이다. 수세기 동안 이 열세 개의 서신은 모두 바울의 작품으로 받아들여졌다. 그러나 근대의 학문적 연구의 결과로 그 중 몇 개는 확실히 바울이 쓴 것이 아니며, 또 얼마는 그 진정성이 의심스럽다는 데 의견이 일치되고 있다. 지금은 단지 일곱 개의 편지만이 확실하게 바울이 쓴 것으로 인정되고 있다. 그 일곱 편지를 그럴 법한 저작 순서대로 제

시하면 다음과 같다:

살전 (1 Thess)	데살로니가전서
갈 (Gal)	갈라디아서
빌 (Phil)	빌립보서
몬 (Phlm)	빌레몬서
고전 (1 Cor)	고린도전서
고후 (2 Cor)	고린도후서
롬 (Rom)	로마서

다음 두 개의 편지는 바울의 추종자들이 쓴 것으로 보이는데, 이들은 바울의 가르침을 어떻게 다루어야 할지를 깊이 이해한 사람들이었다:

골 (Col)	골로새서
엡 (Eph)	에베소서

다음 편지는 진정 서신 중 하나를 서툴게 재진술한 것으로 보인다:

살후 (2 Thess)	데살로니가후서

훗날 작성된 세 개의 편지는 명백히 바울의 상황과 다른 상황에서, 바울의 관점과 다른 관점에서 작성된 것이다:

딛 (Tit)　　　　　디도서

딤전 (1Tim)　　　디모데전서

딤후 (2 Tim)　　　디모데후서

바울이 의미한 바를 이해하기 위해서는 거의 모든 학자들이 진정한 것이라고 인정하는 서신들에만 의존해야 한다. 이 책은 오직 그 일곱 서신만을 이용할 것이다.

┃ 주 ┃

1) 예수 그리스도에 관한 구원의 소식을 '복음' 즉 '기쁜 소식'이라 하고 복음을 전하는 사람을 '복음 전도자(evangelist)'라 하는데 evangelist는 '기쁜 소식을 전하는 사람'을 뜻한다. 신약성서에는 예수 그리스도에 관한 구원의 소식을 담은 네 권의 복음서가 있는데 이 복음서의 저자들을 또한 evangelists라 일컫는다. 저자는 이 네 명의 복음서 저자를 가리켜서 'four evangelists'라고 부르면서 '기쁜 소식을 전하는 사람들'이라는 원래의 문자적 의미를 담아서 사용했다.

2) 이 말은 로마서 7:23 "내 지체에 있는 죄의 법에 나를 포로로 만드는 것을 봅니다"를 반영함.

3) 이 말은 아마 로마서 7:25b "그러니 나 자신은, 마음으로는 하나님의 법을 섬기고, 육신으로는 죄의 법을 섬기고 있습니다."를 반영함.

4) 반셈주의(anti-Semitism): 유대인을 증오하고 불공정하게 대하는 사조.

5)* Richard L. Rubenstein, *My Brother Paul*, (Harper & Row, 1972), p. 114.
제2차 세계대전 이후, 신학계 일각에서 그리스도교와 유대교 사이의 대화와 화해의 운동이 일어났다. 이 운동에 참여한 유대교 측 신학자들은 대단히 진보적이며 개방적인 사람들이었다. 이들 신학자들조차도 그리스도교에 대한 그들의 입장을 "예수는 OK, 바울은 NO"라고 했다. 그것은 그들이 유대교의 입장에서 예수는 용인할 수 있지만 바울은 도저히 용납할 수 없다는 뜻이다.

6) 갈라디아서 1:16b-18a ("그 때에 나는 사람들과 의논하지 않았고, 나보다 먼저 사도가 된 사람들을 만나려고 예루살렘으로 올라가지도 않았습니다. 나는 곧바로 아라비아로 갔다가, 다마스쿠스로 되돌아갔습니다. 삼 년 뒤에 나는 게바를 만나려고 예루살렘으로 올라갔습니다." 비교: 사도행전 9:23-26에는 다마스쿠스 사건이 일어난 지 며칠(여러 날) 후에 예루살렘으로 올라갔다고 되어 있다.)

7) 디아스포라(the Diaspora): 본토를 떠나 해외에 흩어져 사는 유대인들을 가리키는 말이지만 여기서는 그러한 유대인들이 거주하는 외국(이방)을 뜻한다.

8)* Rudolf Bultmann, *Theology of the New Testament*, translated by Kentrick Grobel (Scribner, 1955), pp. 35, 188.

9) 성서 원문에는 '형제'라고만 표현되어 있으므로 '형'인지 '동생'인지 알 수 없다. 가톨릭 교회의 견해로는 마리아가 예수 이외에 다른 아이를 더 이상 낳지 않았다고 보기 때문에, 야고보를 예수의 형이라 하는 경우에는 요셉의 전처 출생으로 보며 예수의 동생으로 보는 경우에는 사촌 동생으로 본다.

10) 예를 들어 마르시온(Marcion)은 2세기 중엽에 이단자로 파문을 당했는데 바울을 그의 사상의 지주로 삼았다.

11) 마르시온은 그리스도교에서 최초로 신약성서의 범위를 확정했는데 10개의 바울 서신(3개의 목회서신은 제외됨)과 누가복음서(많은 구약성서의 인용부분을 제거한)만을 신약성서의 정경(正經)으로 확정했다.

12) 반율법주의자(antinomians): 그리스도인들은 자기의 노력을 통해서가 아니라 하나님의 은혜로 구원을 받은 존재이기 때문에 일체의 도덕적 의무로부터 해방되었다고 주장하는 도덕률 초월론자들.

13) 불화의 여신 에리스가 펠레우스와 테티스의 결혼식에 자기만 초대 받지 못한 데 앙심을 품고 결혼식 연회장에 황금 사과를 하나 던져 넣었는데, 거기에는 '가장 아름다운 여신에게'라는 글이 씌어 있었다. 그 사과는 아름다운 세 여신인 헤라와 아프로디테와 아테나가 서로 자기 것이라고 주장했기 때문에 그들 사이에 불화의 씨앗이 되었고, 마침내 트로이 전쟁의 불씨가 되었다. 그래서 불화의 원인을 '불화의 사과'라고 일컫는다.

14) 정말로 바울이 직접 쓴 편지를 바울의 '진정한 서신(authentic/genuine letters)' 또는 '친서(親書)'라 하고 바울의 사후에 그의 제자나 그의 학파에 속하는 사람이 바울의 이름을 빌어서 쓴 편지를 '후대 바울 서신(post-Pauline letters)'라 한다.

15)* 고린도후서가 두 개의 별개 편지를 결합한 것이라는 사실에 대대수가 동의하지만, 심지어는 여섯 개의 편지(또는 그 일부분들)를 하나로 합쳐서 구성된 것이라고 주장하는 학자들도 더러 있다. 또한 데살로니가전서와 고린도전서 속에 각각 두 개의 편지가 발견되며 로마서 속에는 셋 또는 그 이상의 편지들이 발견되었다. 그러니까 바울의 일곱 진정 서신들은 열둘 또는 그보다 더 많은 바울의 저작물로 구성되었다고 할 것이다.

16) 임기적인 글들(occasional writings): 특정한 곳에서 일어난 그때그때의 특정한 문제들과 관련해서 특정한 사람들을 대상으로 하여 쓴 글들.

17)* Wayne A. Meeks, *The Writings of Saint Paul* (W.W. Norton & Company, 1972), p. 438.

18)* Donald Harman Akenson, *Saint Saul: A Skeleton Key to the Historical Jesus* (Oxford University Press, 2000), p. 129.

19)* Ibid., p. 134.

20) 저자는 '복음을 위하여'를 '계시를 위하여'로, '복음의 복에 동참하기'를 '계시에 맞추어 행동하기'로 번역했다.

21) 역사적 예수 연구에 내건 구호는 "Back to Jesus from Paul(바울을 떠나 예수에게로)"였다.

22) 일반적으로는 '원시교회(the primitive church)'라 부른다.

23) 저자는 '그리스도'를 '메시아'로 번역하고 있으나, 이 책에서는 표준새번역 개정판본을 따랐다. 저자의 번역에 관해서는 부록 번역에 대하여 참조.

24) 특히 고린도전서 15:1-5 참조.

제1장

바울과 부활하신 예수

바울의 생애에서 가장 중요한 사건은 부활하신 예수를 만난 것이었다. 이것은 그 외의 모든 것을 결정짓는 일이었다. 바울은 이 사건을 하나의 사회적 맥락 속에 배치한다. 즉 바울은 그것을 예수의 다른 추종자들이 공유한 부활 체험의 한 부분으로 진술한다.[1] 이 획기적인 사건에 대한 바울 자신의 서술은 사도행전(9:1-9)에 기록된 그 유명한 바울의 '회개' 이야기와 조화되지 않는다. 그러나 '누가'라고 하는 사람이 한 그 이야기는 그 일이 일어난 지 반세기가 지난 후에 씌어진 것이다. 그래서 그 이야기 속에 많은 허점이 있다.

나도 전해 받은 중요한 것을 여러분에게 전해 드렸습니다. 그것은 곧, 그리스도께서 성경대로 우리 죄를 위하여 죽으셨다는 것과, 무덤에 묻히셨다는 것과, 성경대로 사흘날에 살아나셨다는 것과, 게바에게 나타나시고 다음에 열두 제자에게 나타나셨다고 하는 것입니다. 그 후에 그리스도께서는 한 번에 오백 명이 넘는 형제들에게 나타나셨는데, 그 가운데 더러는 세상을 떠났지만, 대다수는 지금도 살아 있습니다. 다음에 야고보에게 나타나시고, 그 다음에 모든 사도들에게 나타나셨습니다.[2] 그런데 맨 나중에 달이 차지 못하여 난 자와 같은 나에게도 나타나셨습니다. 나는 사도들 가운데서 가장 작은 사도입니다. 나는 사도라고 불릴 만한 자격도 없습니다. 그것은 내가 하나님의 교회를 박해했기 때문입니다.(고전 15:3-9)

바울은 자신의 체험을 복음의 계시와 자신에게 전해진 전승의 맥락 속에 넣어 기술한다. 바울의 급선무는 자신의 윗사람들인 사절들과 연합하여 이 전승을 다른 사람들에게 전해주는 것이다.

여기서 가장 주목해야 할 것은 예수께서 그에게 나타나셨다는 것이다. '나타나셨다'로 번역된 낱말의 원어는 *ōphthē*인데, 그것은 '보다(see)'라는 동사의 3인칭 단수 수동태 과거형으로, 글자대로 번역하면 "그는 보이었다(he was seen)"이다.

그러나 바울이 예수를 만나보았다는 이 체험을 기록한 사도행전에서는, 바울은 아무것도 본 것이 없는 셈이다 — 갑자기 섬광이 비취었다는 것은 말 그대로 눈을 멀게 했다는 것을 뜻한다. 그래서 그는 목소리만을 들었을 따름이다. 전문적인 용어로 표현하자면 이것은 (어떤 것의) 출현(apparition)이 아니라 듣기(audition)가 동반된 환시(幻視 photism)인 셈이다.

복음서의 부활하신 예수와의 만남 이야기에는 진정으로 (예수의) 출현이 일어난다 — 주님께서 사람들에게 나타나실 뿐만 아니라 자기를 보는 사람들과 대화를 나누시고 지시를 내리시고 물음에 답변을 하신다.[3] 바울은 자신의 기록을 선배들의 기록과 나란히 놓으면서 자신의 체험이 그들의 체험과 같다는 것을 — 자기가 예수와 말을 했다는 것을 암시한다. 이것이 예수로부터 받은 신임장을 가지고 있다고 주장하는 사람들에게 바울 자신이 제시하는 신임장이다.

바울은 부활하신 주님을 목격한 다른 증인들에게 자신도 주님을 목격한 증인인지 아닌지 검정해보라고 요구한다. "내가 사절이 아닙니까? 내가 우리 주 예수를 뵙지 못하였습니까?"(고전 9:1). 바로 이것이 바울이 이방 민족에게 파송되는 사도로서의 소명을 예수로부터 직접 받았다고 보고할 수 있는 이유이다: "나, 바울은 사람들의 방식을 따라 사도가 되었거나, 사람이 시켜서 사도가 된 것이 아니라 예수 그리스도와 그분을 죽은 사람들 가운데서 일으키신 그분의 아버지 하나님께서 세워주셔서 사도가 (되었습니다)"(갈 1:1).

부활하신 주님을 본 사람들 중에 본인이 직접 증언한 것이 남아 있는 사람은 바울이 유일하다. 바울이 직접 한 이야기 외의 다른 사람들의 이야기는 예수의 부활 이후 4, 50년이 지난 뒤에 두번째, 세번째, 또는 네번째 손을 거쳐 기록된 것들이다. 그런데 바울로 말하자면, 그가 기록할 당시에 (예수를 만나보았다는) 그의 특권을 공유한 사람들이 주변에 많이 있었고, 그들은 그의 주장을 반박할 수 있었던 사람들이었다. 바울은 자신의 이야기를 그들과 나누었으며, 그들은 모두 이 일을 놓고 "의견을 교환했다"는 것은 의심할 여지가 없다.

예수의 부활에 대한 모든 증인들 가운데 오직 바울만이 부활한 몸이 어떠한 것인지를 (가능한 한에서) 서술했다. 다른 사람들은 부활하신 예수와의 만남에서의 불가사의한 측면에 대해 말하는데, 그들은 예수를 단번에 알아보지 못하는 경우가 자주 있었다. 부활하신 예수는 모순되게도 신체를 가진 존재처럼 보이는가 하면(음식을 먹는다든지), 유령 같은 존재로 보이기도 하고(닫힌 문을 뚫고 들어온다든지), 평범한 사람처럼(동산지기, 길손) 보이기도 한다. 그런데 그분의 모습은 변화되었다.[4]

바울은 자신이 무슨 말을 하고 있는지 알고 있으므로 부활한 몸은 우리들의 어떠한 추측에도 맞지 않는다고 했다. 그러한 몸을 본 사람들 가운데 오직 바울만이 그것이 무엇과 같은지를 말해준다:

그러나 "죽은 사람이 어떻게 살아나며, 그들은 어떤 몸으로 옵니까?" 하고 묻는 사람이 있을 것입니다. 어리석은 사람이여! 그대가 뿌리는 씨는 죽지 않고서는 살아나지 못합니다. 그리고 그대가 뿌리는 것은 장차 생겨날 그 몸 자체가 아닙니다. 밀이 든지 그 밖에 어떤 곡식이든지, 다만 씨앗을 뿌리는 것입니다. 그러나 하나님께서는, 원하시는 대로, 그 씨앗에게 몸을 주시고, 그 하나하나의 씨앗에 각기 고유한 몸을 주십니다.

모든 살이 똑같은 살은 아닙니다. 사람의 살도 있고, 짐승의 살도 있고, 새의 살도 있고, 물고기의 살도 있습니다. 하늘에 속한 몸도 있고, 땅에 속한 몸도 있습니다. 하늘에 속한 몸들의 영광과 땅에 속한 몸들의 영광이 저마다 다릅니다. 해의 영광이 다르고, 달의 영광이 다르고, 별들의 영광이 다릅니다.

죽은 사람들의 부활도 이와 같습니다. 썩을 것으로 심는데, 썩지 않을 것으로 살아납니다. 비천한 것으로 심는데, 영광스러운 것으로 살아납니다. 약한 것으로 심는데, 강한 것으로 살아납니다. 자연적인 몸으로 심는데, 신령한 몸으로 살아납니다. 자연적인 몸이 있으면, 신령한 몸도 있습니다.

성경에 "첫 사람 아담은 산 영이 되었다"고 기록한 바와 같이, 마지막 아담은 생명을 주시는 영이 되셨습니다. 그러나 신령한 것이 먼저가 아닙니다. 자연적인 것이 먼저요, 그 다음이 신령한 것입니다. 첫 사람은 땅에서 났으므로 흙으로 되어 있지만, 둘째 사람은 하늘에서 났습니다. 흙으로 빚은 그 사람과 같이, 흙으로 되어 있는 사람들이 그러하고, 하늘에 속한 그분과 같이, 하늘에 속한 사람들이 그러합니다. 흙으로 빚은 그 사람의 형상을 우리가 입은 것과 같이, 우리는 또한 하늘에 속한 그분의 형상을 입을 것입니다.

형제자매 여러분, 내가 말하려는 것은 이것입니다. 살과 피는 하나님 나라를 유산으로 받을 수 없고, 썩을 것은 썩지 않을 것을 유산으로 받지 못합니다. 보십시오. 내가 여러분에게 비밀을 하나 말씀드리겠습니다. 우리가 다 잠들 것이 아니라, 다 변화할 터인데, 마지막 나팔이 울릴 때에, 눈 깜박할 사이에, 홀연히 그렇게 될 것입니다. 나팔 소리가 나면, 죽은 사람은 썩어 없어지지 않을 몸으로 살아나고, 우리는 변화할 것입니다.
썩을 몸이 썩지 않을 것을 입어야 하고, 죽을 몸이 죽지 않을 것을 입어야 합니다. 썩을 이 몸이 썩지 않을 것을 입고, 죽을 이 몸이 죽지 않을 것을 입을 그때에, 이렇게 기록한 성경 말씀이 이루어질 것입니다. "죽음아, 너의 승리가 어디 있느냐? 죽음아, 너의 독침이 어디 있느냐?"(고전 15:35-55)

바울은 자기가 부활하신 예수를 만난 것을 근거로 하여 응당하게 장차 부활할 몸들이 어떠할 것인지 연관지어 생각했다. "그분은 우리의 비천한 몸을 변화시키셔서, 자기의 영광스러운 몸과 같은 모습이 되게 하실 것입니다"(빌 3:21). "우리는 너울을 벗어버리고, 주님의 영광을 바라봅니다. 이렇게 해서, 우리는 주님과 같은 모습으로 변화하여, 점점 더 큰 영광에 이르게 됩니다. 이것은 영이신 주님께서 하시는 일입니다"(고후 3:18).

바울이 예수의 얼굴에 나타난 영광을 보는 것을 말할 때에, 그가 내적인 믿음의 눈으로 본 것을 표현한 것이라고 생각하거나 주장하는 사람들이 종종 있다. 하지만 우리가 그의 말을 그가 실제로 주님의 얼굴을 보았다는 그의 보고와 인위적으로 분리시켜 봐야 할 이유가 없다. "'어둠 속에 빛이 비쳐라' 하고 말씀하신 하나님께서, 우리의 마음속을 비추셔서, 그리스도의 얼굴에 나타난 하나님의 영광을 아는 지식의 빛을 우리에게 주셨습니다"(고후 4:6).

바울은 부활한 몸에 대한 대가이다. 그는 그것이 얼마나 매력적인지를 말한다. 그는 그에 대한 동경심을 다음과 같이 말한다.

땅에 있는 우리의 장막집[5]이 무너지면, 하나님께서 지으신 집, 곧 사람의 손으로 지은 것이 아니라 하늘에 있는 영원한 집이 우리에게 있는 줄 압니다. 우리는 하늘로부터 오는 우리의 집을 덧입기를 갈망하면서, 이 장막집에서 탄식하고 있습니다. 우리가 이 장막을 벗을지라도, 벗은 몸이 되지 않을 것입니다. 우리는 이 장막에서 살면서, 무거운 짐에 눌려서 탄식하고 있습니다. 우리는 이 장막을 벗어버리기를 바라는 것이 아니라, 그 위에 덧입기를 바랍니다. 그리하여 죽을 것이 생명에게 삼켜지게 하려는 것입니다. 이런 일을 우리에게 이루어주시고, 그 보증으로 성령을 우리에게 주신 분은 하나님이십니다. 그러므로 우리는 언제나 마음이 든든합니다. 우리가 육체의 몸을 입고 살고 있는 동안에는, 주님에게서 떠나 살고 있음을 압니다. 우리는 믿음으로 살아가지, 보는 것으로 살아가지 아니합니다. 우리는 마음이 든든합니다. 우리는 차라리 몸을 떠나서, 주님과 함께 살기를 바랍니다. 그러므로 우리가 몸 안에 머물러 있든지, 몸을 떠나서 있든지, 우리가 바라는 것은 주님을 기쁘게 해드리는 사람이 되는 것입니다.(고후 5:1-9)

바울은 육체에서 해방되어 예수께서 인도해 가신 곳인, 더 높은 상태에 들어가기를 갈망한다. "나에게는, 사는 것이 그리스도이시니, 죽는 것도 유익합니다 … 내가 원하는 것은, 세상을 떠나서 그리스도와 함께 있는 것입니다"(빌 1:21, 23).

현재의 몸과 바울이 본 미래의 몸 사이의 경쟁은 바울의 신비적 기

42

도 체험에 영향을 미쳤다. 만일 고린도 교회의 광신도들이 자기들의 황홀경적 상태를 자기들의 일탈행위를 옹호하는 보증서로 자랑하지 않았더라면, 바울은 자신의 편지에서 이 경험에 대해 언급하지 않았을 것이다.

바울은 그들의 주장을 반박한다. 또 그러한 경험들이 그들의 행위에 대한 변명이 될 수 없다고 말한다. 그는 영적 체험을 빙자해서 자기들의 처신이 정당함을 입증하려는 경쟁에 개입해야 하는 데에 약간 곤혹스러워한다. 그래서 그는 자신의 주장을 제3자의 명의로 겸허하게 제시한다.

자랑함이 나에게 이로울 것은 없으나, 이미 말이 나왔으니, 주님께서 보여주신 환상들과 계시들을 말할까 합니다. 나는 그리스도를 믿는 사람 하나를 알고 있습니다. 그는 십사 년 전에 셋째 하늘에까지 이끌려 올라갔습니다. 그때에 그가 몸 안에 있었는지 몸 밖에 있었는지, 나는 알지 못하지만, 하나님께서는 아십니다. 나는 이 사람을 압니다. 그가 몸을 입은 채 그렇게 했는지 몸을 떠나서 그렇게 했는지를, 나는 알지 못하지만, 하나님께서는 아십니다. 이 사람이 낙원에 이끌려 올라가서, 말로 표현할 수 없고 사람이 말해서도 안 되는 말씀을 들었습니다. 나는 이 사람을 자랑하려고 합니다. 그러나 나 자신을 두고서는

내 약점밖에는 자랑하지 않겠습니다.(고후 12:1-5)

바울은 고린도 교회의 방언 예찬자들에게 확언한다. "나는 여러분 가운데 누구보다도 더 많이 방언을 말할 수 있음을 하나님께 감사합니다. 그러나 나는, 방언으로 만 마디 말을 하기보다도, 다른 사람을 가르치기 위하여 나의 깨친 마음으로 교회에서 다섯 마디 말을 하기를 원합니다"(고전 14:18-19).

바울이 자신의 황홀경 체험들을 과거 어느 특정한 날짜에 소급시킨다면, 자기 생애의 중대한 시기를 지시한다고 할 것인데, 그것은 곧 예수로부터 자신의 소명을 받은 시기이다. 예수께서 자신에게 나타난 즉시 그는 아라비아로 갔다.[6]

형제자매 여러분, 내가 여러분에게 밝혀드립니다. 내가 전한 복음은 사람에게서 비롯된 것이 아닙니다. 그 복음은, 내가 사람에게서 받은 것도 아니요, 배운 것도 아니요, 예수 그리스도의 나타나심으로 받은 것입니다.
내가 전에 유대교에 있을 적에 한 행위가 어떠하였는가를, 여러분이 이미 들은 줄 압니다. 나는 하나님의 교회를 몹시 박해하였고, 또 아주 없애버리려고 하였습니다. 나는 내 동족 가운데서, 나와 나이가 같은 또래의 많은 사람보다 유대교 신앙에 앞서 있었으며, 내 조상의 전통을 지키는 일에도 훨씬 더 열성이 었습니다. 그러나 나를 모태로부터 따로 세우시고 은혜로 불러 주신 하나님께서 그 아들을 이방 사람에게 전하게 하시려고, 그를 기꺼이 나타내 보이셨습니다. 그 때에 나는 사람들과 의논하지 않았고, 또 나보다 먼저 부름 받은 사도가 된 사람들을 만나려고 예루살렘으로 올라가지도 않았습니다. 나는 곧바로 아라비아로 갔다가, 다마스쿠스로 되돌아갔습니다.(갈 1:11-17)

왜 바울은 예루살렘에서 더 멀리 떨어진 곳으로 — 즉 아라비아로 가려고 했을까? 더러는 이방 민족에게 전도하는 자신의 사명을 곧바로 수행하기 위해서였다고 말한다. 그러나 그렇게 이해하는 것은, 율법의 원수인 그리스도인들에 대한 무자비한 공격자에서 그를 돌아서게 한 그 뼈저린 경험을 과소평가하는 셈이 된다.

그는 이전에 품고 있었던 잘못된 모든 생각들을 바로잡는 데 온 힘을 기울여야 했다. 그는 유대 민족의 운명에 대한 자신의 견해와, 그들의 운명이 메시아로서의 예수 안에서 성취되지 못할 것이라 여겨지는 현실을 어떻게 해서든 조화시켜야만 했다.

더 나아가 우리는 예수께서 그에게 나타나셨을 때, 온 힘을 기울여 기도하고 연구하는 일종의 광야 체험을 바울에게 지시했던 것이라고 가정해봐야만 한다.[7]

바울이 여행 중에 자기의 편지들을 받아쓰게 시키면서 인용한 성서의 모든 구절들이 모두 방대한 파피루스 성서 두루마리를 그때그때 즉석에서 펼쳐보고서 인용한 것일 수는 없다. 그는 성령의 지도 아래, 자신이 예언서의 어떤 부분을 잘못 이해했으며, 예수께서 해주신 말씀들이 예언서들을 읽는 데 어떤 새로운 빛을 던져주는지 알아내야만 했다. 이처럼 성서를 깊이 연구했기 때문에 바울은 암기해서 성서를 광범위하게 인용할 수 있었다(바울의 인용은 정확한 자구에서 종종 약간만 빗나갔다는 사실이 눈길을 끈다).

예수께서 바울에게 단 한 번만 나타나셨다고 생각해야 할 이유는 없다. 예수는 다른 사람들에게 여러 번 여러 곳에서 나타나셨다(마 28:10, 요 21:1). 실제로 바울은 예수의 나중의 출현에 대하여 우리에게 이야기하는데(갈 2:2) 그는 이것을 계기로 예루살렘에 올라가기로 결정했던 것이다.

그가 예루살렘에 올라간 것은 예루살렘 교회 측으로부터 소환 명령을 받았거나, (안디옥 교회 측) 사람들이 파견해서가 아니라 "출현에 따라서 지시를 받고" 그렇게 한 것이다(여기에 사용된 *apokalypsis*라는 낱말은 바울이 갈라디아서 1:12과 1:16에서 그에게 일어난 예수의 출현을 기술할 때에 사용한 것과 동일한 낱말이다).[8]

바울은 고향과 이전의 인간관계를 멀리하고 아라비아로 감으로써 예수와의 열정적 관계를 형성할 수 있었다. "이제 살고 있는 것은 내가 아닙니다. 그리스도께서 내 안에서 살고 계십니다"(갈 2:20). "그러므로 나는 하나님을 섬기는 그리스도 예수 안에서 자랑스럽게 생각합니다. 예수께서 이방 사람들을 복종하게 하시려고 나를 시켜 이루어 놓으신 것밖에는, 아무것도 감히 말하지 않겠습니다"(롬 15:17-18). "나는 여러분 가운데서 오직 그리스도 곧 십자가에 달리신 그분밖에는, 아무것도 알지 않기로 작정하였습니다"(고전 2:2). "내가 그리스도를 본받는 사람인 것같이, 여러분은 나를 본받는 사람이 되십시오"(고전 11:1). "나는 내 몸에 예수의 상처 자국을 지고 다닙니다"(갈 6:17).

바울이 자신을 예수와 동일시하는 것은 개인적인 문제가 아니었다. 그것은 바울이 자신의 모든 형제자매들을 위한 믿음의 정수라고 생각한 바로 그것이었다. 그것이 그리스도인들을 '거룩한 사람들', '예수 안에' 있는 사람들로 만든 것이었다.

세례는 그들을 결합하여 역사의 메시아적 대망이 성취되게 했다. "우리는 모두 세례를 받을 때에 그와 함께 죽었다는 것을 여러분은 알지 못합니까? 그러므로 우리는 세례를 통하여 그와 함께 묻혔던 것입니다. 그것은, 그리스도께서 아버지의 영광으로 말미암아 죽은 사람들 가운데서 살아나신 것과 같이, 우리도 또한 생명 안에서 살아가기 위함입니다"(롬 6:3-4). "누구든지 그리스도 안에 있으면, 그는 새로운 피조물입니다. 옛것은 지나갔습니다. 보십시오. 새것이 되었습니다"(고후 5:17).

예수와의 교제를 시작한 초기의 바울은 유대교 율법에 헌신했던 이전의 삶과 부활하신 예수를 만나본 경험을 화해시켜야 했다. 바울은 예수(의 역사)를 유대교 율법의 성취로 인식하게 되었다. 예수는 약속된 분이다. "그리스도는 율법의 완성이다"(롬 10:4). 대다수의 영어 번역에서 바울 서신의 '그리스도'는 칭호가 아니라 이름으로 여겨진다. '예수 그리스도'라는 표현은 생략되지 않은 확고한 이름처럼 들리게 되어 있다(첫째 이름과 별명을 병기하듯이).[9]

그러나 그리스어로 *Khristos*(그리스도)는 *Kyrios*(주님)처럼 하나의 칭호이다. 이것은 히브리어 '*Messiah*'(메시아)를 그리스어로 번역한 것이다. 이 두 낱말 — *Messiah*와 *Khristos* — 은 "기름 부음을 받은 (사람)"을 뜻한다. 바울은 때때로 예수를 가리켜 '그 메시아'로, 혹은 단순히 '메시아', 또는 '예수 메시아', '메시아 예수'로 칭했다. 중요한 것은 언제나 예수의 칭호이다. 그래서 바울이 이 칭호를 중요하게 생각했던 것처럼 우리도 이 사실을 우리 마음의 전면에 드러내야 한다. 왜냐하면 칭호는 부활하신 예수를 자신의 유대적 운명과 연합시키는 것이기 때문이다.[10] 바로 이것 때문에 바울에게 믿음의 기본적 계시는 언제나 예수께서 우리 죄를 위하여 죽으시고 성경대로 다시 살아나셨다는 것이었다(고전 15:3-4).

부활하신 예수를 만난 경험은 바울의 생애에서만 중대한 사건이었던 게 아니다. 바울에게 그 사건은 유대 사람들을 위한 그리고 세계를 위한 구원사의 중심이었다. 그것이 없었다면 말할 것이 없었을 것이며, 모임들(교회들)은 탄생할 근거가 없었을 것이다.

그리스도께서 죽은 사람들 가운데서 살아나셨다고 우리가 전파하는데, 어찌하여 여러분 가운데 더러는 죽은 사람들의 부활이 없다고 말합니까? 죽은 사람의 부활이 없다면, 그리스도께서도 살아나지 못하셨을 것입니다. 그리스도께서 살아나지 않으셨다면, 우리의 선포도 헛되고, 여러분의 믿음도 헛될 것입니다. 우리는 또한 하나님을 거짓되이 증언하는 자로 판명될 것입니다. 그것은, 죽은 사람이 살아나는 일이 정말로 없다면, 하나님께서 그리스도를 살리지 아니하셨을 터인데도, 하나님께서 그리스도를 살리셨다고, 하나님에 대하여 우리가 증언했기 때문입니다. 죽은 사람들이 살아나는 일이 없다면, 그리스도께서 살아나신 일도 없었을 것입니다. 그리스도께서 살아나지 않으셨다면, 여러분의 믿음은 헛된 것이 되고, 여러분은 아직도 죄 가운데 있을 것입니다. 그리고 그리스도 안에서 잠든 사람들도 멸망했을 것입니다. 그리스도 안에서 우리가 바라는 것이 이 세상에만 해당되는 것이라면, 우리는 모든 사람 가운데서 가장 불쌍한 사람일 것입니다. 그러나 이제 그리스도께서는 죽은 사람들 가운데

서 살아나셔서, 잠든 사람들의 첫 열매가 되셨습니다. 한 사람
으로 말미암아 죽음이 들어왔으니, 또한 한 사람으로 말미암아
죽은 사람의 부활도 옵니다.(고전 15:12-21)

바울은 이 부활의 메시지를 아무리 자주, 아무리 끈질기게 반복하
더라도 절대로 지나치다고 할 수 없는 상황이다.

또 하나님께서 죽은 사람들 가운데서 살리신 그 아들 곧 장차
내릴 진노에서 우리를 건져주실 예수께서 하늘로부터 오시기를
기다리는지를, 그들은 말합니다.(살전 1:10)

[나는] 예수 그리스도께서 그리고 그를 죽은 사람들 가운데서
살리신 하나님 아버지께서 임명하심으로써 사도가 [되었습니
다].(갈 1:1)

… 내가 바라는 것은, 그분을 알고, 그분의 부활의 능력을 깨닫
고, 그분의 고난에 동참하여, 그분의 죽으심을 본받는 것입니
다. 그리하여 나는 어떻게 해서든지, 죽은 사람들 가운데서 살
아나는 부활에 이르고 싶습니다.(빌 3:10-11)

주 예수를 살리신 분이 예수와 함께 우리도 살리시고, 여러분과 함께 세워주시리라는 것을 우리는 알고 있습니다. (고후 4:14)

세례를 받아 그리스도 예수와 하나가 된 우리는 모두 세례를 받을 때에 그와 함께 죽었다는 것을 여러분은 알지 못합니까? 그러므로 우리는 세례를 통하여 그의 죽으심과 연합함으로써 그와 함께 묻혔던 것입니다. 그것은, 그리스도께서 아버지의 영광으로 말미암아 죽은 사람들 가운데서 살아나신 것과 같이, 우리도 또한 생명 안에서 살아가기 위함입니다. (롬 6:3-4)

✛ 누가의 이야기

우리가 부활하신 예수와 바울의 관계를 생각할 때에 바울 자신의 말을 마음속에 확고히 해두는 것이 중요하다. 왜냐하면 앞에서 이미 말했듯이, 이 문제에 대해 바울 자신이 한 이야기는 잘 알려진 것이 아니기 때문이다. 부활하신 예수와 바울 사이에 일어난 사건에 대한 이야기는 사도행전에 나왔는데, 그것이 너무나 널리 퍼져 있어서 바울 자신의 말을 완전히 가려버리게 되었다.

사도행전은 하나의 신학적 소설이라 불린 적이 있다. 사도행전은 같은 시기에 씌어진 헬레니즘 세계의 소설들과 몇 가지 특질을 공유하고 있다. 예를 들면 유랑하는 설교자들, 기적들, 바다에서의 모험들, 수사학적인 긴 연설들 따위이다. 바울의 '회개' 이야기는 좋은 소재이기 때문에 사도행전의 저자는 그것을 세 번이나 반복해서 말하는데 매번 상당한 변화를 가했다.

그 중 한 이야기에서는, 바울이 땅에 엎어질 때에 곁에 있던 사람들도 모두 그렇게 했다(행 26:14). 다른 한 이야기에서는, 그들은 모두 서 있었다(행 9:7). 한 이야기에서는, 곁에 있는 사람들이 소리는 듣지 못했다고 했다(행 22:9). 다른 한 이야기에서는, 곁에 서 있는 사람들이 목소리는 들었으나 아무것도 보지는 못했다고 했다(행 9:7). 간단히 말하자면, 이쪽 이야기에서는 사람들이 들음 없이 환시幻視를 경험했고 저쪽 이야기에서는 환시 없이 들음을 경험했다. 그런데 누가가 확언하는 바로는, 바울은 두 가지를 다 경험했다. 세번째 이야기를 따르면, 그 목소리가 말하는 내용이 강도와 길이에 있어서 상당히 확대되었다(행 26:16-18).

누가는 신학적 예술가이다. 그는 한 목적을 위하여 창작을 하는데 그 목적은 이야기의 한 부분에서 다음 부분으로 변동될 수 있다. 그는 누가복음서라는 자기 이름이 붙은 복음서를 썼다. 예수의 탄생과 소년 예수가 성전에서 연출한 일에 대해 그가 창작해낸 아름다운 이야기들과 거기에 수반된 가사들을 보면, 그가 종교적 교훈을 이야기로 바꾸어서 제시하는 데 얼마나 훌륭한 재능을 가진 사람인지 알 수 있다.

바울을 다루는 데 그가 나타낸 신학적 목적은 나중에 고려할 것이다. 그렇지만 그가 쓴 이야기들에 대하여 주목해야 할 첫번째 사항은 그 이야기들이 바울의 말에서 거리가 멀 뿐 아니라, 법적 가능성과 역사적 개연성에서도 거리가 멀다는 사실이다.

바울의 회개에 대한 세 가지 이야기 중에 가장 잘 알려진 것은 첫 번째 것이다. 바울은 '사울'이라는 히브리식 이름으로('바울'은 그의 로마식 이름이다) 예루살렘에 이미 나타났었다. 누가는 바울이 예루살렘에서 바리새파 대 학자인 가말리엘Gamaliel의 제자였다고 말한다 (행 22:3).

가말리엘은 젤롯 당원들(열혈당원들)을 반대한 것으로 알려졌는데, 사울은 예수로 인해 최초의 순교자가 된 스데반을 돌로 쳐 죽인 극렬파에 가담했다. 사울은 그들의 폭력을 비호하면서 처형 집행자들의 옷을 지켜주었다(행 7:58). 사울은 그것으로 만족하지 않고 먼저 유대 지방으로 가서 같은 짓을 하기로 작정했다: "그런데 사울은 모임(교회)를 없애려고 날뛰었다. 그는 집집마다 찾아들어가서, 남자나 여자나 가리지 않고 끌어내서, 감옥에 넘겼다"(행 8:3). 그 다음에 그는 외국으로까지 찾아 나섰다:

사울은 여전히 주님의 제자들을 위협하면서, 살기를 띠고 있었다. 그는 대제사장에게 가서, 다마스쿠스에 있는 여러 회당으로 보내는 편지를 써달라고 하였다. 그는 그 '도'를 믿는 사람은 남자나 여자나 가리지 않고, 닥치는 대로 묶어서, 예루살렘으로 끌고 오려는 것이었다.

사울이 길을 가다가 다마스쿠스 가까이에 이르렀을 때에, 갑자기 하늘에서 환한 빛이 그를 둘러 비추었다. 그는 땅에 엎어졌다. 그리고 그는 "사울아, 사울아, 네가 왜 나를 핍박하느냐?" 하는 음성을 들었다. 그래서 그가 "주님, 누구십니까?" 하고 물으니, "나는 네가 핍박하는 예수다. 일어나서, 성 안으로 들어가거라. 네가 해야 할 일을 일러줄 사람이 있을 것이다" 하는 음성이 들려왔다. 그와 동행하는 사람들은 소리는 들었으나, 아무도 보이지 않으므로, 말을 못 하고 멍하게 서 있었다. 사울은 땅에서 일어나서 눈을 떴으나, 아무것도 볼 수가 없었다. 그래서 사람들이 그의 손을 끌고, 다마스쿠스로 데리고 갔다. 그는 사흘 동안 앞을 보지 못하는 상태에서, 먹지도 않고 마시지도 않았다.

그런데 다마스쿠스에는 아나니아라는 제자가 있었다. 주님께서 환상 가운데서 "아나니아야!" 하고 부르시니, 아나니아가 "주님, 여기 있습니다" 하고 대답하였다. 주님께서 아나니아에게 말씀하셨다. "일어나서 '곧은 길'이라 부르는 거리로 가서, 유다의 집에서 사울이라는 다소 사람을 찾아라. 그는 지금 기도하고 있다. 그는 환상 속에 아나니아라는 사람이 들어와서, 자기에게 손을 얹어 시력을 회복시켜주는 것을 보았다."

아나니아가 대답하였다. "주님, 그가 예루살렘에서 주님의 성도들에게 얼마나 해를 끼쳤는지를, 나는 많은 사람에게서 들었습니다. 그리고 그는 주님의 이름을 부르는 사람들을 잡아갈 권한을 대제사장들에게서 받아가지고, 여기에 와 있습니다." 주님께서 그에게 말씀하셨다. "가거라. 그는 내 이름을 이방 사람들과 임금들과 이스라엘 자손들 앞에 가지고 갈, 내가 택한 그릇이다. 그가 내 이름을 위하여 얼마나 많은 고난을 받아야 할지를, 내가 그에게 보여주려고 한다."

그래서 아나니아가 떠나서, 그 집에 들어가, 사울에게 손을 얹고 "형제 사울이여, 그대가 오는 도중에 그대에게 나타나신 주 예수께서 나를 보내셨고, 그것은 그대가 시력을 회복하고, 성령으로 충만하게 되도록 하시려는 것이오"라고 하였다. 곧 사울의 눈에서 비늘 같은 것이 떨어져 나가고, 그는 시력을 회복하였다. 그리고 그는 일어나서 세례를 받고 음식을 먹고 힘을 얻었다.(행 9:1-19)

이 이야기에는 석연치 않은 많은 문제점들이 있다.

1. 우리가 바울 자신의 말에서 확인하는 사실은 그가 "유대 지방에 있는 그리스도의 교회들에게는 얼굴이 알려져 있지 않았다"(갈 1:22)는 것이다. 만일 그가 예루살렘에서 저명한 바리새파 학자 가말리엘의 문하생이었다면, 어떻게 이 같은 말이 사실일 수 있겠는가? 더욱 중요한 것은, 신도들을 체포하려고 집집마다 찾아다닌 사람이 어떻게 그들에게 알려져 있지 않을 수 있단 말인가?

2. 만일 바울이 명성이 높은 가말리엘의 제자였다면, 그가 자기의 바리새적 교육을 자랑할 때에 확실히 그렇게 말했을 것이다(갈 1:14, 빌 3:5).

3. 아나니아라는 인물은 여기서 외에는 알려지지 않은 사람인데 바울에게 믿음의 후원자 역할을 수행한 사람으로 등장한다. 바울 자신은 이런 것을 전혀 언급하지 않았을 뿐만 아니라 이런 것은 예수가 나타나신 사건에 대해 그 자신이 한 다음과 같은 말에 정확하게 모순된다: "그때에 나는 사람들과 의논하지 않았습니다"(갈 1:16).

누가의 진술은 바울의 다음 주장과 충돌한다: "형제자매 여러분, 내가 여러분에게 밝혀드리고 싶습니다. 내가 여러분에게 전한 복음은 흔히 있는 사람에게서 비롯된 것이 아닙니다. 나는 그것을 사람에게서 받지도 않았고 배우지도 않았습니다. 나는 그것을 예수 그리스도의 나타나심으로 받았습니다"(갈 1:11-12).

4. 예루살렘은 로마 제국의 정복 하에 있었다. 그래서 당국은 광신자들이 말썽을 일으키는 것을 좋아하지 않았다. 왜 당국은 사울이 "살기를 띠고 주님의 제자들을 위협하고" 돌아다니며 그들을 집에서 끌어내도록 가만히 내버려두었을까? 왜 제자들은 자신들이 당한 곤경을 로마 사람들이 주목하게 하지 않았을까? 누가는 로마 사람들이 그리스도인들에게 적대적인 것으로 묘사하지 않는다.

5. 어떻게 바울이 남의 집에 쳐들어가서 사람들을 납치해 오는 일이 가능했을까? 누가는 바울이 과업을 수행하기 위해 성전 경찰대를 이용했을 거라고 상상한 것 같다. 그렇지만 누가는 그런 테러 행위를 위임한 기관에 대해서는 얼버무린다.

그는 대체로 유대 사람들에게 적대적인 자신의 태도와 조화시켜, 한 곳에서는 바울의 교회 적대적 운동을 재가한 것이 대제사장이었다고 하고(행 9:2), 다른 곳에서는 산헤드린 탓으로 돌리기도 했다(행 22:5). 또 다른 곳에서는 바울의 배후 인물은 대제사장 집단이라고 했다(행 26:12).

6. 더 중요한 점은, 유대인들은 로마의 지배를 받고 있었기 때문에 사람들을 사형할 권한이 없었다. 그것이 예수를 처형하기 위해 로마인들에게 넘겨야 했던 이유이다(요 18:31).[11] 그렇지만 누가는 나중에 바울의 입을 통해 다음과 같이 말한다: "나는 대제사장들에게서 권

한을 받아가지고 많은 성도들을 옥에 가두었고, 그들이 죽임을 당할 때에 그 일에 찬동하였습니다"(행 26:10).

만일 유대인들이 사람을 처형할 수 있었다고 하면(그런데 실제로는 그렇게 할 수 없었다) 오직 산헤드린만이 그러한 선고를 할 수 있었을 것이다. 그런데 바울이 산헤드린 의원이었다는 생각은 얼토당토않은 것이다(그는 유대에 얼굴이 알려져 있지 않았다고 말했다).

7. 다른 어떤 것보다 더 불가능한 것 하나를 들자면, 대제사장은 바울에게 다른 나라에 가서 사람들을 찾아내 체포할 수 있는 권한을 부여할 수 없었을 것이라는 사실이다. 다마스쿠스는 시리아에 있었고, 시리아의 로마인 통치자들은 유대에서도 유효하지 않은 권위를 거의 인정하려 하지 않았을 것이다. 대제사장은 로마 사람들과의 말썽을 피하고 싶었을 것이고 평화에 도전함으로써 말썽을 자초하고 싶지 않았을 것이다. 따라서 바울은 외국 관할 지역에서 사람들을 무더기로 납치해 올 수 없었을 것이다.

8. 마지막으로 누가는 바울에게 교육과 박해 활동의 기회를 마련해주려고 유대에서 활동한 것으로 해놓았는데, 이것은 있을 수 있는 일 같지 않다. 그래서 누가는 바울을 다마스쿠스로 다시 돌아오게 해야 했다. 바울은 다마스쿠스에서 예수가 나타나셨다고 말한다. 이것이 우리가 "다마스쿠스 도상에서" 발생한 환시를 말하게 된 이유이다. 바울은 자기 힘으로 목적지에 이르지 못한다. 그는 눈먼 자신을

돌봐주는 동료들의 손에 이끌려 그 도시에 들어가야 한다.

　누가는 하나의 큰 이야기를 제시한다. 그런데 그 이야기는 세상의 상상력 속으로 들어갔다. 그래서 우리는 언제나 "다마스쿠스 도상"의 체험을 듣는다. 이것은 그리스도교 역사에서 가장 유명한 회개 이야기이다. 이것과 필적하는 것으로는 아우구스티누스의 회개 이야기가 있을 따름이다. 아우구스티누스도 책을 집어서 읽으라고 말하는 음성을 듣는다.

　이 두 이야기는 회개의 범례로 이용된다. 예를 들면 윌리엄 제임스의 작품《종교적 경험의 다양성》또는 다비 노크의 작품《회개》와 같은 주제의 전형적인 서술이 그러하다. 이것은 불행한 현상이다. 왜냐하면 바울에게 일어난 그 사건은 실제로는 회개가 아니기 때문이다. 이 사실은 누가조차도 그의 두번째와 세번째 이야기에서 강조하고자 하는 바다.

　그러나 여기서 중요한 것은 이 모든 것이 바울이 예수와 자신 사이에서 일어난 일에 대해 서술한 것과 거리가 너무나 멀다는 사실이다. 바울은 땅에 쓰러진 것, 눈이 멀게 된 것, 시력을 회복하는 데 아나니아라는 사람이 필요했던 것에 관해 한마디도 하지 않는다. 그것은 부활하신 예수께서 베드로나 야고보나 기타 추종자들에게 나타나셨을 때에 일어난 극적인 일들에 관해 우리가 듣지 못한 것과 마찬가지이다.

누가의 허구가 훨씬 더 흥미 있는 사실의 자리를 대신 차지했다. 다른 어디에서와 마찬가지로 바울이 실제로 의미한 바가 무엇인지를 알기 위해서는 바울 자신의 말을 예의주시해야 한다. 누가는 이러한 우리의 노력에 지속적인 장애물로 입증될 것이다.

▌ 주 ▌

1) 바울은 고린도전서 15:8에서 원 제자들에게 일어난 부활하신 그리스도의 현현 사건과 자기의 다마스쿠스 경험을 동일한 종류의 사건으로 기술했다.

2)* 헌터A.M. Hunter는 여기까지가 바울이 전승으로부터 전해 받아서 고린도 사람들에게 전해 주고 있는 부분이며, 그것은 신앙 고백문형이라고 주장했다.
헌터는 예루살렘 교회의 우두머리인 야고보가 현저하게 드러나고 베드로가 "게바"라는 아람어 형식으로 표현된 것 등의 어투는 이 전승 자료가 예루살렘 교회에 기원을 둔 것임을 지시한다고 주장한다. *Paul and His Predecessors* (SCM Press, 1961), pp. 15-18, 117-118.

3)* 마 28:9-10, 17-19, 막 16:12-18, 눅 24:13-49, 요 20:14-18, 19-23, 26-29, 21:4-23.

4)* 예수께서 바울에게 출현하셨다고 하는 이 이야기를 간단하게 반박하자면, 바울이 자기에게 나타나신 분이 실제로 예수라는 사실을 인식하는 방법을 알지 못했을 것이라는 사실을 들 수 있다. 바울은 예수의 십자가 처형 전에 그분을 본 적이 없기 때문이다.

복음서의 기술을 따라서 보면, 예수와 함께 살았던 사람들조차도 이에 대해서 유리한 것이 없었다. 부활한 몸은 그렇게 쉽게 설명할 수 없는 신비에 속하는 것이다. 그렇지만 예수는 자기를 알리는 방법을 확실히 알고 있었다.

5) 우리의 육신을 우리의 생명이 거하는 장막(帳幕, tent)에 비유하여 표현하였다.

6) 이 경우의 "아라비아"는 아라비아 반도나 아라비아 사막을 지칭하는 것이 아니라 다마스쿠스 동남쪽으로 길게 뻗어 있는 나바테아 왕국의 영토를 지칭한다. 즉 다마스쿠스가 소재해 있는 시리아의 동쪽 경계선 너머에 있는 지역을 가리킨다.

7) 이 점에 대해서는 저자는 전통적인 견해, 즉 바울이 아라비아에 가서 이방 사람들에게 곧바로 선교활동을 한 것이 아니라 광야에서 기도와 연구에 몰두했다는 전통적인 학설을 지지하고 있다. 그렇지만 나바테아 왕국의 아레다 왕의 지방 장관이 바울을 체포하려고 다마스쿠스 성문을 지키고 있었다(고후 11:32)는 기록에 비추어 볼 때에 바울이 아라비아, 즉 나바테아 왕국의 어느 한적한 곳에 은거하여 기도와 성경 연구 등의 종교적 수련에만 몰두한 것이 아니라 선교활동을 했다는 것을 추론할 수 있다. 왜냐하면 종교적 수련을 하는 사람을 체포하려고 한다는 것은 있을 수 없는 일이기 때문이다.

8) 저자가 갈라디아서 2:2의 *apokalypsis*라는 낱말과 갈라디아서 1:12의 *apokalypsis*라는 낱말이 똑같은 의미로 사용된 것으로 풀이한 것은 잘못이다. *apokalypsis*는 두 가지 다른 의미를 나타낸다. 1) 출현, 나타남, 드러남 2) 신비로운 일이나 비밀 따위를 비상한 방법으로 알려줌이라는 의미의 '계시'. 갈라디아서 1:12은 "예수 그리스도의 나타나심을 통해서", 갈라디아서 2:2는 "계시를 따라서"이다.
    갈라디아서 2:2의 *apokalypsis*는 정보 전달만을 뜻하는 것이지 예수의 출현이나 나타나심과는 아무런 상관이 없다. 이러한 경우의 *apokalypsis*는 절대적 용법으로 사용되었다는 것이 특징이다(고전 14:6, 고후 12:7). 예외적으로 로마서 16:25에는 "비밀의 계시"라는 형식으로 계시의 내용이 2격 명사가 첨가되어서 표현되었다.

9) 서양 사람들은 이름을 두 개 병기하는 경우가 많다. 예를 들어 Gaius Julius Caesar에서 Gaius는 첫째 이름(first name)이고 Julius는 별명(nickname)에 해당한다. 영어에는 성(family name) 앞에 first name(첫째 이름)과 middle name(중간 이름)을 병기하는 경우가 많다.

10)* 그리스어 "크리스토스"(*Khristos*)를 "메시아"(*Messiah*)로 번역해야 함의 중요성에 대

해서는 다음 저서를 참조하라. N.T. Wright, *The Resurrection of the Son of God* (Fortress Press, 2003), pp. 554-583.

11) 스데반 처형은, 만일 그것이 누가가 서술하는 대로 실제로 일어났다면, 그것은 '총독의 부재 기간' 동안에 일어난 것이라고 설명할 수 있을 것이다. 본디오 빌라도는 서기 36년에 로마로 소환되었는데 복직이 되지 않았다. Raymond E. Brown, *The Death of the Messiah: From Gethsemane to the Grave* (Doubleday, 1993), p. 370 참조.

그렇지만 스데반의 순교를 다룬 누가의 전체적 수법은 신학적 구성이다. 스데반의 신문과 처형은 예수의 신문과 죽음에 꼭 맞게 조형되었다. 예수와 마찬가지로 스데반도 역시 성전의 멸망을 예언하고 하나님은 단 하나의 예배 건물에 유폐되어 계시지 않는다고 말한다. 그는 유대 당국의 신문을 받는데 당국은 거짓 증인들을 이용한다. 그는 투석형을 당하면서 "내 영혼을 받아주십시오" 하고 말하고, 큰 소리로 "아버지, 그들에게 이 죄를 돌리지 마십시오"라고 외친 뒤 숨을 거둔다(행 6:13, 7:59-60). 전체 장면은 신학적으로 다루어진 것이지, 역사학적으로 다루어진 것이 아니다.

제2장
_____

바울과 부활 이전의 예수

바울은 자기가 만난 부활하신 예수에게만 관심을 집중했다고 보는 사람들이 더러 있다. 그들은 바울이 예수의 존재를 알기 이전인 생전의 예수에 대해 아는 바가 별로 없었거나 알아보고 싶어 하는 마음도 별로 없었다는 것을 당연한 사실로 여긴다. 이러한 그릇된 견해는 바울이 디아스포라 출신의 유대인으로서, 유대 땅에서 일어난 일과는 관계가 없는 듯하다고 억측할 때에 한층 더 굳어진다.

바울은 유대라는 중심부로부터 자신이 멀리 있음을 강조했다. 바울의 이러한 태도에 사도행전의 저자인 누가는 곤혹스러웠던 것이 분명하다. 그래서 누가는 바울이 예루살렘과 맺은 관계의 끈을 될 수 있는 대로 많이 확증하려고 노력했다.

누가는 바울을 일찍 예루살렘으로 데려와서 위대한 학자인 가말리엘 문하에서 훈련을 받은 것으로 만들어 놓았다. 누가를 옹호하는 사람들 중 일부는 바울이 바리새인으로서, 즉 율법을 지키는 일에 자기 동시대 사람들보다 월등히 앞섰다고 자랑했던 그 지식을 오직 예루살렘에서만 얻을 수 있었을 거라고 주장한다.

이러한 논거는 서기 1세기의 디아스포라의 중요성을 과소평가하는 것이다. 디아스포라에는 5백만에서 6백만 명의 유대인이 살았는데 이것은 유대 본토보다 훨씬 더 많은 수이다. 디아스포라 유대인들은 로마 제국의 주요 도시 주민의 10% 이상을 차지했다. 알렉산드리아에서만 18만 명이었고 로마에서는 5만 명이었다.[1] 유대인들은 세계 도처에 널리 그리고 많이 분산되었던 것이다. 대다수의 바리새파 사람들은 성전 가까이에 머물러 있으면서 자신들의 신앙 규례를 완벽하게 이행하는 것을 선호했을 것이란 사실은 의심의 여지가 없다.

그렇다 해도 율법학자들은 영향력 있는 다른 유대인들처럼, 풍부한 디아스포라 문화가 제공하는 상업적, 가족적, 교육적 기회의 연결망을 따라 여기저기 돌아다닐 필요가 있었다. 마태복음(23:15)에 바리새파 사람들이 활동적인 전도자들이었다는 말씀이 있다. 유대를 드나드는 교통이 번잡할 정도로 여행이 활발한 시대에 바울이 다소 혹은 나중에 다마스쿠스에서 바리새파의 훈련을 충분히 받지 못했을 이유가 없다. 다소와 다마스쿠스는 둘 다 바울의 고향인데 두 곳 다 유대에서 멀리 떨어져 있지 않으며 둘 다 무역과 교통의 중심이었다.

바리새파 사상이 디아스포라에 널리 퍼져 있었다면, 예수 운동도 마찬가지로 시리아와 길리기아에 아주 빠른 시일에 퍼지게 되었다고 볼 수 있다. 예수의 사후에 다마스쿠스와 안디옥에는 벌써 그리스도인들이 있었던 것이다. 그렇지 않았다면 바울이 다마스쿠스에서 그리스도인들을 박해하고 안디옥에서 그리스도인과 연합하는 것이 어떻게 가능할 수 있었겠는가? 그리고 정확히 무슨 방법으로 바울이 그들을 "아주 없애버리려" 했겠는가(갈 1:13)?

그는 누가가 주장한 대로 하지는 않았다. 즉 그들을 체포해서 사형에 처하는 그러한 방식으로 말이다. 로마의 행정 구역인 시리아에 거주하는 일개 유대인인 그가 무슨 수단을 이용할 수 있었겠는가? 그러한 일을 하기 위해 그는 초기 그리스도인들을 어디에서 만났는가? 그 장소는 분명 회당이었다. 그리스도인들은 초기에는 회당과 결별하지 않았다.

철저한 율법 준수자로서 바울은 부활하신 예수를 보았다고 주장하는 사람들에게 분개했을 것이다. 거짓 메시아들의 출현은 율법 지지자들에게 끊임없는 위협이 되었다. 그것은 또한 로마 통치자들과의 좋은 관계를 줄곧 위태롭게 하는 것이기도 했다.

그리스도인들은 단지 공인된 종교 의식을 떠나 외부에 가만히 있었던 것이 아니다. 그들은 "하나님을 두려워하는 사람들"이라는 아주 중요한 사람들의 마음을 뒤흔들어 놓았다. 하나님을 두려워하는 사

람들이란 이방 사람으로서 유대교의 회당 예배에 호의적으로 참석하는 사람들이다. [2)]

이들은 잠재적 개종자들인 셈인데 그 수가 상당히 많았다. 다음에 보게 되겠지만 이 사람들은 바울의 장래 선교에 중요한 존재였다. 그렇지만 바울 자신이 율법을 철저히 준수했던 시절에는 그리스도인들이 이들에게 미치는 영향을 두려워했을 것이다. 왜냐하면 이 사람들이 그리스도인들에게 이끌려 처음 유대교 신앙에 대해 품었던 매력을 저버리고 떠날 것이기 때문이다.

바울이 이것을 어떻게 방지할 수 있었겠는가? 분명히 우리에게 전해진 서신들에서 자신의 적대자들에게 대항해 사용한 무기들을 이용했을 것이다. 그 무기들이란 격렬한 논증, 성서해석의 섬세한 분별, 냉소적 해학 그리고 고발 등이었다. 그는 침입자들을 반박하고, 조롱하고, 추방하고, 다마스쿠스에 발붙일 토대를 박탈했다. 이러한 조처야말로 정말로 '뿌리째 뽑아 없애는' 성과를 거둘 것이었다.

바울이 유대교 시절에 그러한 일을 하고 있는 것을 보았으니 그가 그리스도인 형제들과 맞서서 그 일을 하고 있다는 것을 쉽게 상상할 수 있다. 바울이 고린도 교회 공동체 내의 자신의 적대자들에게 어떻게 대항했는지를 웨인 믹스는 잘 서술하고 있다.

이러한 호소에 바울은 풍성한 수사학적 장치들을 덧입힌다: 한

편으로 저주, 위협을 퍼붓는가 하면 다른 한편으로는 축복을 일깨우고 반어적 질책, 창피 주기, 비꼬기를 뒤섞어 내놓는다. 이 모든 것은 편지의 수신자들에게 자신들이 회복할 수 없는 어리석음을 저지르고 있다는 것을 암시해주며 그들을 일깨워 건전한 처음 상태로 되돌려 놓으려는 방법들이다.[3]

몇몇 도시에서는 유대인들이 자기 집단의 구성원을 징계하는 권한을 가지고 있었다. 이것이 바울이 나중에 유대인들에게 다섯 번이나 매를 맞게 된 이유이다. 하지만 이것은 공동체가 취한 조처였으며 공동체의 동의를 필요로 하는 것이었다. 그런데 바울은 자기의 '박해' 활동에 자신 외에 어느 누구도 가담했다고 말한 적이 없다.

바울은 매질을 할 권한이 없었다. 체포하거나 사형에 처할 권한은 더더욱 없었다. 바울은 그리스도인이 되고 나서 실제로 회초리를 들고 고린도의 교우들을 방문하겠다고 위협했다(고전 4:21). 그러나 그 것은 우스꽝스러운 허세였다. 그것은 그를 약한 사람으로 비웃는 고린도 교회의 신도들이 약을 올려서 그렇게 된 것이다. 그의 진짜 무기는 언제나 언어였다. 그리고 공동체의 반응은 그들이 그의 편지로 인해 상처를 입었다는 것이었다(고후 7:8).

바울이 다마스쿠스에서 그리스도인들에게 행한 주된 박해의 형태는 자신의 생각에 그릇된 주장들을 폭로하는 것이었다. 그렇다면 그 주장들을 받아들이게 되기 전에 그 주장들을 잘 연구해야 했다. 그리스도인들이 동석한 회당에서 그는 무엇을 반대하고 있었을까? 아직까지는, 음식 규례의 준수 또는 할례의 필요성에 관련된 문제가 아니었다. 이런 일에 대한 견해 차이는 문제가 되지 않았다. 그는 자신이 그리스도인이 되고 나서야 이러한 문제들을 제기했다.

예수의 첫 증인들은 할례를 받은 사람들이었으며 율법을 준수하는 사람들이었다. 그들이 다른 유대인들과 구별되는 최초의 차이점은 십자가에 처형된 한 사람의 부활을 선포했다는 것이다. 이것은 뒤에 바울이 "유대인들에게는 거리낌거리"(고전 1:23)라고 일컬은 바로 그 일이었다. 달리 말하면, 자신의 믿음의 중심이 될 부활하신 예수가 바로 그가 반대해야 하고 "철저하게 일소해야" 한다고 첫번째로 느꼈던 그 일이었다. 그에게 일어난 예수의 출현 사건은 그리스도인들에게 퍼부은 자신의 모든 반박들을 통째로 뒤엎는 최고의 반박이 될 터였다.

바울이 그리스도인들과 하나가 되었을 때에 그 주변의 새로운 동료들 가운데는 예수의 삶에 관해 이야기해주는 사람이 많이 있었다. 500명의 부활의 증인들은 분명히 방랑하는 무리들이었을 것이다. 그의 선교단의 구성원인 바나바, 실라, 마가는 아마도 예루살렘 출신이었을 것이다. 이들은 원래 추종자들에게서 믿음이 처음으로 전파될 때에 믿게 된 사람들에 속했을 것이다.[4] 바울이 그리스도인이 되기 전에 성도들에게 가담했던 사람들 중 얼마는 선교사로서 바울이 지나온 길을 거쳐 가고 또 거쳐 가고 할 터였다.

예를 들면 바울이 고린도에서 만나서 고린도와 에베소와 로마에서 함께 일한 브리스길라와 아굴라 부부가 그랬다. 바울은 로마 교회에 편지를 쓸 때까지는 그곳에 간 적이 없다. 그렇지만 그는 편지에서 그곳에 있는 스무 명 이상의 성도들에게 개인적인 문안 인사를 했다. 이들은 바울과 함께 있다가 그곳에 간 사람들이었다. 예수를 따르는 사람들이 도처에 퍼지고 있었던 것이다.

이런 활동적인 전도자들은 주님에 대한 지식을 어떻게 전달했는가? 복음서들은 아직 없었다. 설령 어떤 문서들이 있었다 하더라도, 그것들은 이제 사라지고 없다. 그것들이 바울 서신들이나 후대 문서들 속에 흔적을 남겨 놓은 것 같긴 하다. 몇몇 가사들이 기록되어 있는 듯하다. 그러나 지금 우리가 다루고 있는 것은 주도적인 구전문화, 즉 살아 있는 목소리로 전승하는 것이 고도로 발달된 문화이다.

이러한 구전적인 문화에는 기억술이 또한 발달되었다. 예수는 수많은 때에, 수많은 무리들에게 말씀하셨다. 그는 수많은 물음에 답변하셨으며 수많은 비유를 거듭 이야기하셨다. 서로 다른 맥락에서 예수를 본 여러 사람들에게 생긴 기억들이 풍부하게 저장되어 있었다.

동일한 사건들과 동일한 말씀들인 것처럼 보이는 것이 복음서들 사이에 약간씩 다르게 변형된 모습으로 기록되어 있는 것은 무슨 까

닭인가? 그것은 아마도 원래 이야기가 유통되어 널리 다양하게 유포되어 있는 것들 가운데서 드문드문 수집했기 때문에 생긴 현상일 것이다.

바울은 그러한 이야기들을 듣기 위해 예루살렘으로 올라가야 했던 것은 아니다. 바울이 예루살렘에서 베드로와 다른 사람들을 만났을 때 많은 것들을 확증할 수 있었다. 그렇지만 그 일을 위해서 베드로와 이야기를 나누려고 예루살렘에 올라가야 했던 것은 아니다. 그들은 안디옥 교회 공동체에서 함께 활동할 터이었다. 그리고 (베드로 자신은 아니라 하더라도) 그의 동지들은 고린도에서 영향력을 떨치는 인물들이었다. 주님의 형제들 역시 아내를 동반하여 여행을 하고 있었던 것이다(고전 9:5).

바울은 생전의 예수를 알고 있었던 사람들과 이야기를 나눌 수 있는 계기가 자주 있었다. 우리는 그런 사람들 가운데 몇 사람의 이름은 알고 있지만 많은 이름은 알지 못한다. 바울은 이러한 첫 전승자들의 뒤를 따르는 사람들과 이야기를 나눌 기회가 훨씬 더 많이 있었다. 이 첫 전승자들은 자기네들을 따르는 사람들의 가슴 깊숙이 구전 전승들을 심어주었던 것이다.

바울은 전향 후 초기 생애 동안에 다마스쿠스와 안디옥 교회 공동체에서 교우 중 한 사람으로 살았다. 여기서 그는 새 신앙의 의례들과 전승들을 배웠다. 그는 가르칠 수 있기 위해서 먼저 배워야 했다.

그가 한 일을 면밀히 연구해보면 그가 이렇게 했다는 사실이 드러난다.[5]

그런데 바울이 예수의 삶에 관해 상당히 많이 알고 있었다면, 그의 서신에서 예수의 삶에 대해 그렇게 조금밖에 이야기하지 않는 것은 무슨 까닭인가? 여기에는 몇 가지 이유가 있다. 서신은 예수의 삶의 의미에 대한 해설이 아니다. 바울이 자기가 손수 세운 교회 공동체들과 함께 있을 때에는 그러한 일 ― 예수 삶의 의미를 해설하는 ― 에 종사했을 수도 있지만 말이다.

서신들은 특수한 당면 문제들을 놓고 쓴 것이다. 그래서 바울은 그러한 문제들을 말하는 데 필요한 경우에만 예수의 삶에서 끌어낸 자료를 사용했다. 예수의 말씀을 인용하는 것이 요구되는 경우에 바울은 그 말씀을 정확하게 구사할 수 있었다. 예를 든다면 주님의 만찬(*Kyriakon Deipon*, '성만찬'을 가리킴), 이혼 문제, 음식 규례의 준수, 전도자가 재정적 원조를 받는 문제에 관해 그렇게 적용했다.

이러한 직접적인 인용을 통해 바울이 제시한 것이 복음서들에 제시되어 있는 후대의 기록들보다 예수께서 말씀하신 것에 아마도 더 가까울 것이라는 사실이 논증되었다. 예를 들면 주님의 만찬에 관한 바울의 말은 시간적으로도 맨 처음일 뿐 아니라 ― 이것에 관한 복음서의 어느 기록보다 수십 년 전에 기록되었다 ― 내용적으로도 예수께서 실제로 말씀하신 바에 가장 가깝다.

우리는 복음서들 가운데 어느 하나에 기록되어 있는 예수의 어떤 말씀이 '본래적인 것'이라고 착각하는 사고의 오류에 빠지지 말아야 한다. 바울이 제시한 것은 결코 이 본래의 것을 근사치에 가깝게 풀이한 것이 아니다. 복음서들 속에 반영되어 있는 구전 이야기들의 풍부한 저장고에서 바울이 받은 것은 복음서들 안에 기록되어 있는 여러 변형태들보다 예수 자신의 말씀에 더 가까울 것이다.

바울이 예수의 가르침을 반영하는 곳이 여러 군데 있는데 그 가운데 몇 개만 살펴보기로 하자.

1. 로마에 있는 그리스도인들이 음식규례[6]의 준수 문제를 놓고 의견이 갈렸을 때에, 바울은 그들의 의견 차이를 조정하기 위해 예수의 권위를 이용했다: "내가 주 예수 안에서 알고 또 확신하는 것은 이것입니다. 무엇이든지 그 자체로서 부정한 것은 없고, 다만 부정하다고 여기는 그 사람에게는 부정한 것입니다"(롬 14:14).

여기서 바울은 마태복음에서 예수께서 정결법을 무시한다고 비난하는 자들에 대한 답변으로 하신 말씀을 슬며시 끌어대고 있지 않는가? "너희는 내 말을 듣고 깨달아라. 입으로 들어가는 것이 사람을 더럽히는 것이 아니라, 입에서 나오는 것, 그것이 사람을 더럽힌다"(마 15:10-11).

마태, 마가, 누가, 이 세 복음서에서 예수는 정결은 마음가짐의 문

72

제이지 제의법 준수의 문제가 아니라고 자주 말씀하셨다: "그러므로 네 속에 있는 빛이 어둡지 않은지 살펴보아라. 네 온몸이 밝아서 어두운 부분이 하나도 없으면, 마치 등불이 그 빛으로 너를 환하게 비출 때와 같이, 네 몸은 온전히 밝을 것이다"(눅 11:35-36). 바울은 예수의 이 가르침을 우리에게 처음으로 설명해주었다. 바울은 기록도 되지 않을 것을 뜻도 모르면서 앵무새처럼 전하고 있는 것이 아니다.

2. 고린도의 그리스도인들에게 친교의 식사[7]가 갈등의 계기가 되었다. 이 문제를 해결하기 위해 바울은 예수께서 최후의 만찬 때에 말씀하신 것에 대해 이전에 그들에게 가르쳐준 것을 상기시켰다:

내가 여러분에게 전해 준 것은 주님으로부터 전해 받은 것입니다. 곧 주 예수께서 잡히시던 밤에, 빵을 들어서 감사를 드리신 다음에, 떼시고 말씀하셨습니다. "이것은 너희를 위하는 내 몸이다. 이것을 행하여 나를 기억하여라." 식후에 잔도 이와 같이 하시고서, 말씀하셨습니다. "이 잔은 내 피로 세운 새 언약이다. 너희가 마실 때마다 이것을 행하여, 나를 기억하여라." 그러므로 여러분이 이 빵을 먹고 이 잔을 마실 때마다, 주님의 죽으심을 그가 오실 때까지 선포하는 것입니다. (고전 11:23-26)

바울은 이것을 어떻게 "주님에게" 배웠을까? 환상을 통해서? 바울은 그렇게 말하지 않는다. 여기서 그는 전승 과정을 말할 때에 쓰는 용어를 사용한다. 즉 '내가 전해 받은' 것을 '전해주었다'라는 표현이다. 이 표현은 고린도전서 15장 3절에서 그가 기본적 신조를 인용할 때에 사용한 것과 똑같은 형식구이다.

그는 주님의 만찬에 대한 전승을 어디에서 배웠는가? 분명히 다마스쿠스와 안디옥의 초대 교회 공동체에서 배웠을 것이다. 그는 그 교회 공동체에서 성만찬에 참석했다. 그가 이 공동체에 들어가기 전에 이미 예수를 따르는 사람들이 예루살렘에서 복음을 그곳에 전해주었던 것이다.

이 두 교회 공동체는 실제의 그날 밤을 회상하는 데 우리가 접근할 수 있을 만큼 가까이 있다. 바울은 예수의 말씀을 인용하는 세 복음서[8] 가운데 어느 것보다도 그날 밤에 근접해 있다. 그 부분에 대한 복음서들의 기록은 바울의 말과 다를 뿐만 아니라 예수께서 말씀하신 것에 대해서도 세부적으로는 복음서들마다 다르다. 바울의 기록이 전승상으로 가장 먼저이며, 원천에 가장 가깝다.

3. 바울은 실제로 예수의 말씀을 인용하는 데 있어서 고린도 교회 교인들과 시비에 휘말리게 된다. 그는 고린도 교회 교인들의 재정적 지원을 거절했다. 그런데 그들이 바울이 마케도니아에 있는 교회들

로부터 기부금을 받았다는 사실을 알았을 때, 다음과 같이 시인해야 했다: "이와 같이 주님께서도, 복음을 전하는 사람들에게는 복음을 전하는 일로 살아가라고 지시하셨습니다"(고전 9:14).

바울은 예수께서 제자들을 처음으로 선교 여행에 파송하실 때에 내린 지시를 언급하고 있는 것이다. 예수께서는 그들에게 아무것도, 심지어 앞으로 꼭 필요한 것을 넣어갈 여행용 자루조차도 가지고 가지 말라고 하셨다. 그들이 영접 받는 곳에서 제공되는 것을 먹으면 된다고 말씀하셨다. 왜냐하면 마태복음 기자가 말하는 대로(10:10), "일꾼이 자기 먹을 것을 얻는 것은 마땅하기" 때문이다. 혹은 누가복음에서처럼(10:7), "일꾼이 자기 삯을 받는 것은 마땅하기" 때문이다.

바울은 주님의 지시에 대한 누가의 번안을 사용할 수 없었다. 왜냐하면 그는 누가복음을 알지 못했기 때문이다. 예수께서는 원래 제자들에게 사명을 부여하여 유대 땅의 인근 마을로 짧은 기간 동안 파송하셨던 것이다. 장기간과 장거리 성격을 띤 도시 지역으로의 선교 여행에는 이 같은 지시가 맞지 않는다. 그래서 누가는 예수께서 나중의 여행에는 제자들에게 필요한 것들을 가지고 가도 된다고 말씀하신 것으로 조처해놓았다(22:36).[9]

바울은 이와 다른 방식으로 자신을 변호해야 했다. 그가 고린도 교회로부터 지원을 받지 않는 실제 이유를 말하는 것은 외교술에 어긋나는 행동일 것이다. 그 교회는 부유한 사람들과 가난한 사람들 사이에 파가 생겨 두 쪽으로 심각하게 갈라져 있었다. 이 두 계파 사이의 깊은 골은, 그들을 연합시켜주어야 할 식사가 도리어 그들을 분열시키는 것이 되게 했다. 풍족한 신도들은 가난한 신도들을 전혀 배려하지 않고 자기네끼리만 푸짐하게 먹고 마셨기 때문이다(고전 11:21-22).

만일 중립적인 화해자의 역할을 하고자 하는 사람인 바울이 재정 지원을 받는다면, 그것은 분명 부유한 신도들에게서 나올 것이었다. 바울은 바로 이 부유한 신도들의 이러한 잘못된 행태를 바로잡으려 했다. 그런데 그런 말을 하는 것은 적대감을 불러일으킬 것이었다. 그래서 바울은 대신 이렇게 말했다. "주님께서는 복음을 전하는 사람에게 복음을 전하는 일로 살아갈 권리(고전 9:14)를 주셨다. 그렇지만 나는 그 권리를 오히려 행사하지 않고자 한다."

바울은 자신의 주장을 논증하기 위해 말장난을 사용하기도 한다. 그는 복음을 전하는 것 자체가 그에게는 삯(고전 9:17)이라고 말한다. 그래서 이 일꾼은, 지시받은 대로, 자기의 보수를 받았다는 것이다!

여기서 흥미로운 것은 바울이 주님의 지시를 알고 있었다는 것과 자신이 그 지시에서 벗어난 것을 해명할 때에도 그 지시를 인정해야 했다는 사실이다.

4. 고린도 교회의 교인들은 끊임없이 여러 가지 문젯거리를 바울

앞에 내놓았다. 어떤 사람은 이혼 문제에 휘말려 있었다. 여기서 다시 한번 바울은 예수의 말씀으로 시작한다: "결혼한 사람들에게 말합니다. 이것은 나의 말이 아니라, 주님의 명령입니다. 아내는 남편과 헤어지지 말아야 합니다. ─ 만일 헤어졌거든 재혼하지 말고 그냥 지내든지, 그렇지 않으면 남편과 화해하여야 합니다 ─ 그리고 남편도 그의 아내를 버리지 말아야 합니다"(고전 7:10-11).

여기서 바울이 언급하는 것은 "그러므로 하나님이 짝지어 주신 것을, 사람이 갈라놓아서는 안 된다"(막 10:9, 마 19:6)는 예수의 가르침이다. 바울은 믿지 않는 사람과 결혼한 교우의 경우에는 예외를 허용하는데(고전 7:12) 이 경우에는 "이것은 나의 말이요, 주님의 말씀은 아닙니다"(고전 7:12)라는 단서를 꼼꼼하게 붙여놓는다. 독신 생활을 권장할 때에도 이와 똑같은 방식으로 그것이 자신의 견해이지 주님께 받은 것이 아니라는 말을 덧붙인다(고전 7:6-7, 25-26, 35, 40).

이처럼 바울은 주님의 말씀을 세심하게 견지한다. 이것으로 미루어 보아 바울이 주님의 말씀들을 알고 있었다는 것은 명백하다. 그는 신도들의 특수한 문제들을 해결하기 위해 인용한 것보다도 훨씬 더 많이 주님의 말씀을 알고 있었다.

5. 바울이 '주님께' 받은 것이라고 말하는 또 다른 가르침은 세상 종말에 관한 것이다. 예수는 자신이 세상에 옴으로써 메시아 예언을

성취하셨다고 말씀하셨다. 예수와 같이, 바울도 그렇게 말했다. 그렇지만 바울은 예수의 사명의 완성은 앞으로 일어날 일이라고 말했다. 그런데 데살로니가 교회의 신도들은 이미 죽은 교우들은 종말에 성취되는 그 영광스러운 완성에 참여하지 못하는 것이 아닌가 하고 염려했다. 그들을 안심시키기 위해서 바울은 다음과 같이 편지를 써 보낸다:

우리는 주님의 말씀으로 여러분에게 이것을 말합니다. 주님께서 오실 때까지 살아남아 있는 우리가, 이미 잠든 사람들보다 결코 앞서지 못합니다. 주님께서 호령과 천사장의 소리와 하나님의 나팔 소리와 함께 친히 하늘로부터 내려오실 것이니, 그리스도 안에서 죽은 사람들이 먼저 일어나고, 그 다음에 살아남아 있는 우리가 그들과 함께 구름 속으로 이끌려 올라가서, 공중에서 주님을 영접할 것입니다. 이리하여 우리가 항상 주님과 함께 있을 것입니다. 그러므로 여러분은 이런 말로 서로 위로하십시오. (살전 4:15-18)

바울이 간직하고 있는 예수로부터 내려온 전승은 마태복음에 기록되어 있는 전승과 같다:

그 때에 인자가 올 징조가 하늘에서 나타날 터인데, 그 때에 땅에 있는 모든 민족이 가슴을 치며, 인자가 큰 권능과 영광에 싸여 하늘 구름을 타고 오는 것을 보게 될 것이다. 그리고 그는 자기 천사들을 큰 나팔 소리와 함께 보낼 터인데, 그들은 하늘 이 끝에서 저 끝까지 사방에서 그가 선택한 사람들을 모을 것이다.

(마 24:30-31)

예수와 같이, 바울은 종말이 불시에 — "눈 깜박할 사이에"(고전 15:52) — 도래할 것이라고 했으며, 따라서 신도들은 깨어 정신을 차리고 있어야 한다고 했다. 종말의 날은 "밤에 도둑처럼"(살전 5:2) 올 것이다 — 이것은 마태복음 24장 43절과 누가복음 12장 39-40절에 직결되는 병행구절이다. 마태복음에 기록된 것이 더 일찍 기록된 바울 서신의 것보다 더 권위가 있다고 하겠는가?

6. 예수의 한 말씀이 바울이 고린도 교회의 "지혜 있는" 사람들과 논쟁하는 데 특별히 유용했다. 두 복음서에서 예수는 "하늘과 땅의 주님이신 아버지, 이 일을 지혜 있고 똑똑한 사람들에게는 감추시고, 어린 아이들에게는 드러내주셨으니, 감사합니다"(마 11:25, 눅 10:21) 라고 하셨다.

바울은 이 말씀을 고린도 교회의 유식한 사람들과 논쟁을 벌이

는 데 끌어왔다: "하나님의 어리석음이 사람의 지혜보다 더 지혜롭고, 하나님의 약함이 사람의 강함보다 더 강합니다 … 우리는 비밀로 감추어져 있는 하나님의 지혜를 말합니다. 그것은 하나님께서 우리를 영광스럽게 하시려고, 영세 전에 미리 정하신 지혜입니다. 이 세상 통치자들 가운데는 이 지혜를 아는 사람이 하나도 없습니다"(고전 1:25, 2:7-8).

7. 예수께서는 자기의 몸이 성전을 대치할 것이라고 주장하셨는데, 바울은 또한 이 주장을 되받아 예수의 몸 안으로 연합된 그리스도인들이 성전을 대치할 것이라고 주장했다. 왜냐하면 성령이 그들 안에 거하시기(*oikei*, 거처를 정하다, 거처하다) 때문이다. 성령은 더 이상 하나의 물리적 공간에 한정되지 않는다. "여러분은 하나님의 성전이며, 하나님의 성령이 여러분 안에 거하신다는(*oikei*) 것을 알지 못합니까? 누구든지 하나님의 성전을 파괴하면, 하나님께서도 그 사람을 멸하실 것입니다. 하나님의 성전은 거룩합니다. 여러분은 하나님의 성전입니다"(고전 3:16-17, 비교: 고전 6:9, 고후 6:16).

"우리는 유대 사람이든지 그리스 사람이든지, 종이든지 자유인이든지, 모두 한 성령으로 세례를 받아 한 몸이 되었고, 또 한 성령을 마시게 되었습니다"(고전 12:13).

이것은 아주 결정적인 구절들이다. 왜냐하면 '예수는 하나님과 인간 사이에 만남의 장소를 대치하는 (새로운 참된) 성전이다'라는, 복음서에 기록된 예수의 주장은 기원후 70년에 성전이 파괴된 이후에야 생겨난 고안물이라고 말하는 사람들이 있기 때문이다. 그런데 바울이 예루살렘 성전이 파괴되기 거의 수십 년 전에 이와 똑같은 내용의 말을 하고 있는 것이다. 바울의 말은 예수의 말씀과 완전히 일치한다. 이 사실은 성전이 파괴되기 전에 — 더 정확히는 복음서들이 씌어지기 전에 — 이 전승이 신도들 가운데 유포되어 있었다는 것을 입증한다.

복음서에서 예수는 제자들이 안식일을 어기는 것을 내버려두신다는 비난을 받으셨을 때에 다음과 같이 응수하셨다: "내가 너희에게 말한다. 성전보다 더 큰 이가 여기에 있다"(마 12:6). 몇몇 사람이 이 말씀을 비웃었을 때에 예수께서 어떻게 응수하셨는지, 요한복음은 다음과 같이 기록했다: "이 성전을 허물어라. 그리하면 내가 사흘 만에 다시 세우겠다 … 그러나 예수께서 성전이라고 말씀하신 것은 자기 몸을 두고 하신 말씀이었다"(요 2:19, 21).

예수께서 사마리아 여인에게 이렇게 말씀하셨다: "내 말을 믿어라. 너희가 아버지께, 이 산에서 예배를 드려야 한다거나, 예루살렘에서 드려야 한다거나, 하지 않을 때가 올 것이다 … 참되게 예배를 드리는 사람들이 영과 진리로 아버지께 예배를 드릴 때가 온다"(요 4:21, 23). 그 여자는 이러한 일은 메시아가 오셔야만 일어날 수 있다고 말했다. '메시아'는 바울이 예수께 부여한 칭호다.

예수께서 그 여자에게 대답하셨다: "너에게 말하고 있는 내가 바로 그 메시아다"(요 4:26).

어떤 이들은 요한이 이 말을 바울에게서 따왔다고 주장하면서, 흔히 바울이 복음서의 말을 끌어와서 왜곡시켰다는 주장을 반전시킨다. 어쨌든 바울은 자신의 서신보다 후대의 복음서에서 예수께서 말씀하시는 것들과 반대되는 말들을 하지 않는다.

8. 신도들은 모두 그리스도의 지체라는 믿음은 그들은 서로의 지체라는 추론에 이른다. "한 몸에 많은 지체가 있으나, 그 지체들이 다 같은 일을 하는 것은 아닙니다. 이와 같이 우리도 여럿이지만 그리스도 안에서 한 몸을 이루고 있으며, 각 사람은 서로 지체입니다"(롬 12:4–5). 예수께서는 "나는 포도나무요, 너희는 가지이다"(요 15:5)라고 말씀하신 후 "내가 너희를 사랑한 것과 같이, 너희도 서로 사랑하여라"(요 15:12)라는 결론을 끌어내신다. "내가 내 아버지 안에 있고, 너희가 내 안에 있으며, 또 내가 너희 안에 있음을 알게 될 것이다" (요 14: 20).

한 성령이 그 포도나무와 그 몸에 스며들어 계신다. 이것은 '황금률'(마 7:12, 눅 6:31)의 더 깊은 의미이다 — 여러분이 단순히 남에게 대접받고 싶은 대로 남을 대접해야 하기 때문만이 아니라, 그들이 여러분 자신인 것처럼 (왜냐하면 그들이 여러분 자신이므로) 대접해야 하기 때문이다.

9. 바울은 율법의 정수는 사랑이라고 말한다. 예수도 똑같은 말씀을 하셨다. 바울은 이렇게 말한다: "모든 율법은 '네 이웃을 네 몸과 같이 사랑하여라' 하신 한 마디 말씀 속에 다 들어 있습니다"(갈 5:14). "남을 사랑하는 사람은 율법을 다 이룬 것입니다. '간음하지 말라. 도둑질하지 말라. 탐내지 말라' 하는 계명과 그 밖에 또 다른 계명이 있을지라도, 모든 계명은 '네 이웃을 네 몸과 같이 사랑하여라' 하는 말씀에 요약되어 있습니다. 사랑은 이웃에게 해를 입히지 않습니다. 그러므로 사랑은 율법의 완성입니다"(롬 13:8-10).

예수는 이렇게 말씀하신다: "그러므로 너희는 무엇이든지, 남에게 대접을 받고자 하는 대로, 너희도 남을 대접하여라. 이것이 율법과 예언서의 본뜻이다"(마 7:12).

"'네 마음을 다하고, 네 목숨을 다하고, 네 뜻을 다하여, 주 너의 하나님을 사랑하라' 하였으니, 이것이 가장 중요하고 으뜸가는 계명이다. 둘째 계명도 이와 같은데, '네 이웃을 네 몸과 같이 사랑하라' 한 것이다. 이 두 계명에 온 율법과 예언서의 본뜻이 달려 있다"(마 22:37-40).

이것이 진정한 핵심이다. 바울의 사상은 사랑이 넘치는 예수의 사상에 덧씌운 이질적인 사상이라고 말하는 사람들은 두 사람이 동일한 사랑을 가르쳤다는 사실을 보지 못한 셈이다. 예수께서는 그의 제자들에게 자기들의 원수를 사랑하라고 가르치셨다(마 5:44, 눅 6:28). 바울도 이와 같이 했다: "네 원수가 주리거든 먹을 것을 주고, 그가 목말라 하거든 마실 것을 주어라"(롬 12:20). 예수께서는 "심판 받지 않기 위해서는 남을 심판하지 말라"(눅 6:37)고 말씀하셨다. 왜냐하면 오직 죄 없는 사람만이 남을 심판할 수 있기 때문이다(요 8:7).

그런데 바울은 이렇게 말했다: "그대는 남을 심판하는 일로 결국 자기를 정죄하는 셈입니다. 남을 심판하는 그대도 똑같은 일을 하고 있기 때문입니다"(롬 2:1). 또 "그대는 누구이기에 형제자매를 비판합니까?"(롬 14:10).

바울은 예수와 같이(마 7:1-2) 말했다: "원수를 갚지 말라"(롬 12:19). 예수께서는 해악을 끼치는 사람에게 저항하지 말라고 말씀하셨다(눅 6:28-30). 바울은 신도들에게 남을 법정에 세우기보다는 차라리 불의를 당해주라고 했다(고전 6:7).

복음서에서 예수는 "구원은 유대 사람들에게서 난다"(요 4:22)라고 말씀하셨다. 그런데 바울은 "구원하시는 분이 시온에서 오실 것이다"(롬 11:26), 그리고 "복음은 유대 사람을 비롯하여 그리스 사람에게 이르기까지 모든 믿는 사람을 구원하는 하나님의 능력입니다"(롬 1:16)라고 하였다.

이러한 모든 유사성에도 불구하고 바울이 마음속에 간직한 것은 예수의 특수한 말씀들이었다는 것을 말하는 것은 아니다. 분명히 바울은 예수께서 지상 생애 동안 가르치신 것의 핵심을 파악했다. 산상설교, 황금률, 사랑하라는 반복되는 명령들의 요점을 깊이 이해한 사람이야말로 다음과 같은 사랑 노래를 쓸 수 있다는 것에 대부분 동의할 것이다.

내가
사람의 모든 말과
천사의 말을
할 수 있을지라도,
내게 사랑이 없으면,
울리는 징이나
요란한 꽹과리가 될 뿐입니다.
내가 예언하는 능력을
가지고 있을지라도,
모든 비밀과 모든 지식을
가지고 있을지라도,
또 산을 옮길 만한
모든 믿음을 가지고 있을지라도,

사랑이 없으면, 아무것도 아닙니다.

내가 내 모든 소유를

나누어줄지라도,

내가 내 몸을

불사르도록(자랑삼아)[10]

넘겨줄지라도

사랑이 없으면,

내게는 아무 이로움이 없습니다.

사랑은 오래 참고,

친절합니다.

사랑은 시기하지 않으며.

뽐내지 않으며,

교만하지 않습니다.

사랑은 무례하지 않으며,

자기의 이익을 구하지 않으며.

성을 내지 않으며,

원한을 품지 않습니다.

사랑은 불의를 기뻐하지 않으며,

진리와 함께 기뻐합니다.

사랑은 모든 것을 덮어주며,

모든 것을 믿으며,

모든 것을 바라며,

모든 것을 견딥니다.

사랑은 없어지지 않습니다.

그러나 예언도 사라지고,

방언[11]도 그치고,

지식도 사라집니다.

우리는 부분적으로 알고,

부분적으로 예언합니다.

그러나 온전한 것이 올 때에는,

부분적인 것은 사라집니다.

내가 어릴 때에는,

말하는 것이 어린아이와 같고,

깨닫는 것이 어린아이와 같고,

생각하는 것이 어린아이와 같았습니다.

그러나 어른이 되어서는,

어린아이의 일을 버렸습니다.

지금은 우리가

거울로 영상을 보듯이

희미하게 보지마는,

그때에는 얼굴과 얼굴을

대하여 볼 것입니다.

지금은 내가 부분밖에

알지 못하지마는,

그때에는 하나님께서

나를 아신 것과 같이,

내가 온전히 알게 될 것입니다.

그러므로 믿음, 소망, 사랑,

이 세 가지는 항상 있을 것인데,

그 가운데서 으뜸은 사랑입니다. (고전 13:1-13)

이것이 과연 니체가 "증오의 천재"라고 일컬은 사람이 부른 노래
처럼 들리는가?

∥ 주 ∥

1)* Wayne Meeks, The First Urban Christians: *The Social World of the Apostle Paul*,
2nd edition (Yale University Press, 2003), p. 34.

2) 이방 사람으로서 할례를 받고 유대교로 완전히 개종한 사람을 일컬어 "개종자/귀화자" (전문용어로 "프로젤리트(proselyte)"라 함)라 하고, 유대교에 호감을 갖고 회당 예배에 참석은 하지만 아직 할례를 받지 않고 유대교로 개종하지 않은 사람들을 일컬어 "하나님을 두려워하는 사람들"이라 했다.

3)* Wayne Meeks, 같은 책, p. 116.

4)* 같은 곳, pp. 57, 60, 61.

5)* 바울이 디아스포라에서 행한 초기 가르침들의 흔적들은 누구보다도 다음 두 사람의 연구에서 잘 드러난다. A.M. Hunter, *Paul and His Predecessors*, 2nd edition (SMC Press, 1961)과 David L. Dungan, *The Sayings of Jesus in the Churches of Paul* (Fortress Press, 1971).

6) 구약성서 레위기 11장에 유대인들이 먹어도 되는 정결한 음식과 먹어서는 안 되는 부정한 음식에 대한 규정이 있다. 원시교회에서 특히 이방계 그리스도인들이 이 규정을 준수해야 할지를 놓고 논란이 있었다.

7) 초대교회에서는 성만찬 의례와 친교의 식사인 이른바 '애찬'이 분리되지 않고 하나로 통합되어 있었다. 고린도 교회에서는 1부 순서에서 애찬을 행하고 2부 순서에서 성만찬 의례를 행했다. 여기서 '친교의 식사'라고 번역한 것은 원문에는 '사랑의 식사(the meal of love)', 즉 애찬이다.

8) 마태, 마가, 누가 복음서를 가리킨다.

9) "이제는 돈주머니가 있는 사람은 그것을 챙겨라. 또 자루도 그렇게 하여라. 그리고 칼이 없는 사람은, 옷을 팔아서 칼을 사라." (눅 22:36)

10) 그리스어 원문은 "불사르도록"이라는 읽기 대신에 "자랑하려고/자랑삼아"라는 읽기가 원래적인 것으로 입증되었다. 저자는 옛 읽기를 채택했다.

11) 입신 상태에서 하는 알 수 없는 말.

제3장

여행자 바울

바울은 어느 면으로 보나 영웅적인 여행자였다. 그는 어림잡아 적어도 13,000km나 되는 거리를 여행했다. 그 중 상당 부분은 도보 여행이었다. 그는 여행이 일상화된 새 시대에 살았다. 그것은 로마제국의 도로와 교량 건설의 토목 기술 덕택이며, 또한 로마의 평화Pax Romana 즉 세계 구석구석에 미쳤던 행정적·군사적 치안 유지 기술의 덕택이기도 했다.

그렇다고 여행이 항상 쉽거나 전적으로 안전했다는 말은 아니다. 육지의 산적들, 바다의 해적들, 오만한 관리들, 거친 날씨, 시시때때로 부닥치는 위험, 언제나 뒤따라오는 적개심은 떼놓을 수 없는 것이었다. 바울처럼 가진 돈도 별로 없이 많은 여행을 하는 경우에 이러한 위험들은 어쩔 수 없이 겪어야 하는 것들이었다.

누가의 사도행전은 모험, 위험, 아슬아슬한 탈출 따위를 다루는 점에서 헬레니즘 문화권의 소설과 유사하다고 말하는 사람들이 있었다. 바울이 차분하게 이야기한 자신의 여행담은 그 자체로도 무시무시하다.

그들이 히브리 사람입니까? 나도 그렇습니다. 그들이 이스라엘 사람입니까? 나도 그렇습니다. 그들이 아브라함의 후손입니까? 나도 그렇습니다. 그들이 그리스도의 일꾼입니까? 내가 정신 나간 사람같이 말합니다마는, 나는 더욱 그렇습니다. 나는 수고도 더 많이 하고, 매도 더 많이 맞고, 여러 번 죽을 뻔하였습니다. 유대 사람들에게서 마흔에서 하나를 뺀 매를 맞은 것이 다섯 번이요, 채찍으로 맞은 것이 세 번이요, 돌로 맞은 것이 한 번이요, 파선을 당한 것이 세 번이요, 밤낮 꼬박 하루를 망망한 바다를 떠다녔습니다. 자주 여행하는 동안에는, 강물의 위험과 동족의 위험과 이방 사람의 위험과 도시의 위험과 광야의 위험과 바다의 위험과 거짓 형제의 위험을 당하였습니다. 수고와 고역에 시달리고, 여러 번 밤을 지새우고, 주리고, 목마르고, 여러 번 굶고, 추위에 떨고, 헐벗었습니다. (고후 11:22-27)

이것은 아주 강인한 여행자가 겪는 영웅적 경험의 나열일 것이다.

그러나 바울은 이따금씩 자신의 병약한 몸을 추슬러야 했다. 그가 처음 갈라디아에 갔을 때에는 병으로 앓아누웠다. 그것은 갈라디아 사람들이 그를 멸시하게 하는 시험거리가 될 수도 있었을 것이다(갈 4:13-14): "그리고 여러분이 아시는 바와 같이, 내가 여러분에게 처음으로 복음을 전하게 된 것은, 내 육체가 병든 것이 그 계기가 되었습니다. 그리고 내 몸에는 여러분에게 시험이 될 만한 것이 있는데도, 여러분은 나를 멸시하지도 않고, 혐오하지도 않았습니다"(이 마지막 말은 "여러분은 나를 토해내지 않았습니다"(exeptysate)라는 거친 표현이다). 이 구절은 "내가 교만하게 되지 못하도록, 하나님께서 내 몸에 가시를 주셨습니다"(고후 12:7)라는 말씀과 관련지어 읽어야만 올바로 이해된다.

바울이 간질병을 앓았다고 그럴 듯하게 주장하는 이들도 있다. 수시로 간질에 시달리는 것은 조롱받을 만한 일이다. 줄리어스 시저의 경우도 이와 같았다. 어쨌든 이것은 바울이 시인해야 했던 일이었다. 그는 이러한 허약함을 받아들이는 사람들을 칭찬했다.

다른 한편으로, 이것은 바울에 대해 다음과 같이 말한 고린도 사람들의 태도를 설명하는 데 도움이 될 것이다. "그의 편지는 무게가 있고, 힘이 있지만, 직접 대할 때에는, 그는 약하고 말주변도 변변치 못하다"(고후 10:10).

실상이 어쨌든 간에 신체의 허약성은 수많은 여행에서 그가 겪은 여러 가지 일들을 더욱 더 영웅적인 것으로 만든다. 이러한 신체적 장애에도 불구하고 해낸 육체적 노동이 그의 삶을 영웅적인 것이 되게 하듯이 말이다. 명백한 것은, 강한 의지로 축 늘어진 육신을 밀고 나아갔다는 것이다.

이렇게 고된 여행은 어쩔 수 없이 꼭 해야만 하는 것이었다. 그렇지만 이 말은 오해를 불러올 수 있다. 바울은 항상 여행 중에 있었기 때문에 자신의 동역자들 또는 그가 세운 교회 공동체의 신도들과 오직 편지로만 의사 전달을 했다는 오해 말이다. 실제로 그의 일곱 서신은 그가 신도들과 말하는 일반적인 방식에서 벗어난 예외적인 것이다.

그는 여러 달 동안 끈기 있게 자기가 아는 각 공동체들과 함께 지냈다. 그는 다마스쿠스와 안디옥에 이미 설립되어 있는 공동체에서 세례를 받고 활동을 시작했는데, 그의 서신에 담겨 있는 세례식 고백문들과 당시의 노랫말들을 여기서 배웠다.[1]

바울은 유대인들이나 로마인들이 그를 말썽꾼으로 여겨 내쫓을 때까지 종종 한 곳에 머물렀다. 때로는 다른 곳으로 옮겨 갈 때에 자신의 동역자들 가운데 한 사람 또는 몇 사람을 그 공동체에 남겨두기도 했고, 때로는 지속적인 활동을 위해 다른 사람들을 그 공동체에 되돌려 보내기도 했다. 그는 교회 공동체들의 통신망을 이용해 접촉을 지속했다. 업무상으로, 또는 가족의 심부름으로, 또는 도움을 청하거나 도움을 주기 위한 특별 대표단으로 이곳저곳을 여행하는 형제들이 이 통신의 그물망 역할을 했다.

누가는 바울의 선교활동에 관한 몇몇 이야기에서 치고 빠지는 식의 분위기를 만들었다. 예를 들면, 그는 바울이 유대인들의 박해를 피해 도망하기 전에 데살로니가에서 겨우 3주 남짓 체류한 듯한 인상을 준다(행 17:1–10). 그러나 데살로니가 서신의《앵커 바이블》[2] 편집자인 맬허브Abraham Malherbe는, 바울이 데살로니가에서 빌립보 교회가 보낸 재정 원조를 한 번 이상 받았다고 한 사실을 상기시킨다(빌 4:16). 그런 원조를 마련하고 보내고 하는 데는 몇 달씩은 아니라도, 몇 주일은 걸릴 것이기 때문에 바울은 분명히 그리스에서 처음 교회 공동체를 세우는 데에 상당한 시간을 보냈을 것이다. 그는 그 공동체 가까이에 살면서 생계수단으로 동역자들과 함께 손으로 하는 일을 했다고 말한다.

그런데 그는 이 서신에서 1인칭 복수형을 사용해 말한다. 왜냐하면 바울 혼자가 아니라 실라와 디모데도 이 서신의 발신인이기 때문이다.

우리는 이처럼 여러분을 사모하여, 여러분에게 하나님의 복음을 나누어줄 뿐만 아니라, 우리 목숨까지도 기쁘게 내줄 생각이 었습니다. 그것은 여러분이 우리에게 사랑을 받는 사람이 되었기 때문입니다. 형제자매 여러분, 여러분은 우리의 수고와 고생을 기억하고 있을 것입니다. 우리는 여러분 가운데 아무에게도 폐를 끼치지 아니하려고, 밤낮으로 일을 하면서 하나님의 복음을 여러분에게 전파하였습니다. (살전 2:8-9)

이것은 단기간의 방문이 아니라 장기간에 걸쳐 그 공동체에 충심으로 헌신했다는 사실을 서술한 것이다.

그럼에도 불구하고 그는 유대인들의 적대 행위 때문에 쫓겨났다(살전 2:14). 데살로니가 교우들을 다시 보기를 간절히 원했지만 그의 귀환은 지연되었다. 그래서 그는 그 신생 공동체에 영적 도움을 주기 위해 디모데를 돌아가도록 했다(살전 3:1-2).

치고 빠지기 식의 선교활동이기는커녕 바울이 여러 교회 공동체들과 맺는 관계는 너무나 밀접해서, 이러한 관계를 표현하는 데 가장 친밀한 용어들을 사용한다. 그는 신도들을 형제자매들이라 부르며 자기는 언제나 형제처럼 느꼈다. 또한 그는 그들을 유모처럼 유순하게 대했고(살전 2:7), 아버지처럼, 혹은 해산의 고통을 겪으면서 그들을 낳은 어머니처럼 대했다(갈 4:19).

그가 전한 말의 핵심은 사랑이었다. 그는 사랑을 권장할 뿐만 아니라 또한 실천해야 했다. 다른 신도들과 충돌했을 때에도 그는 그들과 화해했다는 증거가 있다 — 바나바, 아폴로와 화해했다는 것은 확실하고 베드로와 화해했을 개연성도 대단히 크다. 우리는 서신에서 그가 화내는 것을 본다. 아마 이런 경우가 사람들이 있는 자리에서 분노를 표출하는 경우보다 더 자주 있었을 것이다(고후 10:9).

몇몇 고린도 사람들은 그가 서신에서는 아주 사나우나 실제 몸으로 대할 때에는 아주 부드럽다는 것을 발견했다 — 그가 비록 그들을 확신시키기 위해서라 하더라도, 실제로 그들에게 가야 하는 경우라면 화가 나서 가게 될 것이라는 말이다(고전 4:21). 그러나 이러한 폭풍우도 역시 가라앉는 것이었다.

그를 만난 사람들에게 그는 어떤 사람 같았는가? 그는 확실히 설득력이 있는 사람이었다. 그렇지 않았다면, 그가 그렇게 많은 사람들을 새 교회 공동체나 기존의 교회 공동체로 불러들이는 것은 불가능했을 것이다. 비록 몇 안되는 사람들이, 그의 서신을 증거로 이 사나운 수사학의 대가를 아시시의 프란체스코와 같은 인물과 비교하려고 하지만, 그는 뜨거운 선의지와 같은 마음씨를 가졌음에 틀림없다. 이런 열렬한 선의지야말로 애정이 있는 고행자들을 대단히 매력적인 인물로 만드는 것이다.

동료들 중에서도 그는 천한 막노동을 했으며, 자신을 위해서는 요구하는 바가 거의 없었지만 다른 사람들의 궁핍을 돕기 위해서는 모금을 했다. 데살로니가에서 자력으로 생계를 유지했다고 말하는 것으로 봐서 그가 빌립보에서 받은 원조금은 더 가난한 사람들을 돕는

데 보낸 것이 확실할 것이다. 그는 이러한 사람들을 형제자매단의 구성원으로 불러들이고 있었던 것이다.

⋅⁙⋅ 천막?

바울은 어떤 종류의 일을 했을까? 이에 대해 그 일이 고되고 시간을 잡아먹는("밤낮으로") 일이었다는 사실 외에는 아무것도 말하지 않는다는 것이 흥미롭다. 일반적으로는 사도행전에서 바울은 천막 제작자였다고 한 누가의 말을 받아들인다.

어떤 이들은 그가 가죽 제품 만드는 일을 했다는 사실에 거부감을 느꼈다. 왜냐하면 유대인들은 이러한 작업을 전적으로 정결한 것으로 여기지 않았기 때문이다. 그가 비록 돼지가죽을 사용하지 않았다 하더라도 죽은 동물을 만지는 것은 유대인을 부정하게 만드는 무엇이 있었다. 다른 이들은 그가 아마포로 작업했을 것이라고 반박한다. 왜냐하면 차양이나 햇빛 가리개는 수요가 매우 컸기 때문이다.

그런 일에는 힘든 바느질 작업이 포함되었을 것이다. 실제로 바울이 그의 서신들(이것들은 모두 필경사에게 받아쓰게 한 것이었다) 중 하나의 끝부분을 덧붙일 때에, 그가 직접 쓴 큰 글씨가 주목을 끈다(갈 6:11). 도미니카 수도회 학자인 오코너는 그것은 두꺼운 아마포에 바느질을 하느라고 굳어져서 혹이 박힌 그의 손가락들을 가리키는 말일 거라고 추론한다. 오코너는 바울이 자신의 연장 가방을 갖고 다닌 기능공이었을 거라고 믿는다 — 물론 바울이 자신의 일에 대해 말하면서 기능공으로서의 자부심을 반영하는 용어를 쓰지는 않았다. 바울은 그 일을 '노역'(살전 2:9)이라고 일컫는다. 그리고 "우리는 우리 손으로 일하면서, 고된 노동을 합니다"(고전 4:12)라고 말한다.

사람들은 바울의 노동이 천막 제작이었다고 믿고 창조적 상상력을 마음껏 발휘했다. 다소에 있는 바울의 아버지가 천막 제작소를 갖고 있었으며, 바울은 그 일을 배우면서 자랐을 것이라고 상상하는 이들도 있다. 누가는 한발 더 나아가 바울의 일을 그의 동역자들인 브리스길라와 아굴라의 천막 제작업과 연결시킨다(행 18:3).

누가는 브리스길라와 아굴라에 대해 좋은 정보를 갖고 있는 것 같다. 이 두 사람은 바울이 그리스도인이 되기 전에 그리스도교 공동체에 있었으며 여행을 통해 그리스도인들을 많이 알고 있었다. 따라서 바울이 그들과 지낼 때 그들의 작업장에서 함께 일했다는 것은 사실일 것이다. 거기에서 바울은 노예들을 포함해 함께 사업을 하는 다른 회원들과 같이 일했을 것이다. 바울이 "나는 스스로 모든 사람의 종이 되었습니다"(고전 9:19)라고 말했을 때에는 단지 비유라기보다 더 많은 것을 말하고 있었을 것이다.

그러나 많은 사람이 말하듯이, 바울이 가는 곳마다 천막 제작 일을 했다고 할 수 있을까? 데살로니가에서 바울과 실라와 디모데는 밤낮으로 일하고 있었다는 것을 기억하라. 그렇다면 그들이 모두 천막 제작자였을까? 어디를 가든지 그들 모두가 충분히 일할 수 있을 정도로 천막과 관련된 일을 찾을 수 있다고 할 수 있는 상황이었을까?

바울은 자신의 노동을 중요하게 생각했고 다른 사람들에게도 그렇게 권장했다. 따라서 그의 동역자들이 노역을 회피하는 일은 없었을 것이다. 바울과 그의 동료들은 가는 곳마다 자신들이 얻을 수 있는 일거리는 무엇이든지, 아무리 비천한 것일지라도, 마다하지 않고 잡았을 가능성이 훨씬 더 크다. 그럼으로써 가장 먼저 그 공동체에서 한 장소를 확보했을 것이다. 그들은 그 장소를 이용해 사람들과 처음 접촉했으며, 거기서 만나는 사람들을 가르치기 시작했던 것이다.

조원들이 각각 다른 가게나 작업장에서 일거리를 찾을 수 있다면, 그만큼 더 좋다 — 그들은 여러 사람들과 다양한 접촉점을 가질 것이다. 믹스는 바울의 공동체들은 비록 폭넓은 층을 망라했다 하더라도 (단 그 사회의 최상층과 최하층을 제외하고) 주로 기능공들과 소규모 상인들이 핵심이었다고 주장한다.

바울의 신앙고백적인 말에서처럼, 그들 가운데서 함께 일하며 가르치는 것이 실제적으로도 형제가 되는 방법이었다. 바울은 모든 부류의 사람들을 받아들일 수 있는 자신의 유연성을 자랑한다(고전

9:19-22). '비천한' 과업이라도 기꺼이 맡으려는 자세는 새로 사귄 사람들을 무장 해제시키는 하나의 방법이었다.

✤ 공동체들과 맺는 관계

바울은 어떤 도시에서 어떻게 선교활동을 시작했을까? 로마 제국 내의 모든 도시의 중심부에는 상당한 규모의 유대인 지역이 있었다. 이 지역이야말로 바울이 가장 먼저 연줄을 찾아 추천장을 내밀었을 법한 장소다. 누가는 바울이 유대인의 회당에서 설교를 시작하는 것으로 첫발을 내딛은 것이 타당했다고 말한다. 그런데 거기서 쫓겨날 때에만 그는 비유대인들에게로 방향을 돌렸다(행 9:20). 몇몇 사람들은 회당에서 선교활동을 시작하는 것은 할례를 받지 않은 사람들에게 보내심을 받은 바울의 소명을 절충하는 셈이 된다고 생각한다.

이 두 가지 견해는 더 생각할 여지도 없이 너무나 도식적이다. 바울은 메시아를 유대인들을 비롯해 이방인들을 망라하는 모든 형제자매들의 화해자로 선포했다. 그런데 이 두 의견은 명백하게 바울의 큰 사냥터였던 중간 지대를 무시하는 것이다 — 중간 지대란 "경건한 사람들(Sebomenoi)", 또한 "하나님을 경외하는 사람들(Theosebeis)"이라 불리는 부류이다. 이 사람들은 "하나님을 두려워하는 사람들"

로 번역하는 것이 맞다. 왜냐하면 사도행전 10장 2절과 13장 26절에 "하나님을 두려워하는 사람들(*Phoboumenoi ton Theon*)"이라는 표현 형식이 사용되었기 때문이다.

이렇게 다양한 방식으로 언급된 사람들은 비유대인들인데 이들은 유대교에 호감을 가지고 진지한 물음들을 추구하는 사람들이었다. 이들은 회당에서 환영받았으며 거기서 학습하고 기도하고, 금전적 도움이나 조언을 해주기도 했다. 하지만 할례는 아직 받지 않은 상태였다. 이들은 완전한 유대교 회원 자격을 얻는 쪽으로 나아가거나, 단지 유대인들이 '이교' 세계와 교제할 때에 그들에게 호감을 가질 수 있도록 돕는 일만을 하기도 했다. 1세기의 로마인들은 영적 지식을 탐구했다. 그래서 그들은 많은 동방 종교나 종교의례를 환영했다 ─ 그 가장 좋은 예가 미드라스 종교의례이다.

그런데 환영받는 이국 종교들 중 유대교는 다신교 세계에서 유일신 사상에 근거하여 어떤 이들에게는 특별한 호소력을 발휘했다. 유대교가 지향하는 순결한 삶과 유대교가 제공하는 오래된 학문도 여기에 한몫을 했다. 어떤 로마인들은 유대인들을 두려워했다. 그들이 호기심 많고 탐구적인 사람들을 유인해 제국의 의례를 지키지 않도록 끌어갈 수 있었기 때문이었다.

풍자가인 주비날Juvenal[3]은 안식일을 준수하고 아들을 할례 받게 한 한 아버지를 공격했다. 이 시인은 이런 사람들이 고대 로마의 생활 방식을 붕괴시킨다고 판단했던 것이다.

유대교에 호감을 가진 "경건한 사람들"은 일반적으로 상상하는 것보다 더 많았다. 소아시아에 있는 로마 도시 아프로디시아스에서 발굴된 한 회당의 비문에는 기부자의 43%가 "경건한 사람들(*Theosebeis*)"이었고 운영위원회 회원 가운데 9명이 "경건한 사람들"이라고 기록되어 있다. 이 비문은 약 서기 200년에 만든 것으로 보인다. 그렇지만 이것은 장기간에 걸친 문화의 흐름을 반영하고 있다.

주비날의 시가 보여주듯이, 로마 세계에는 반셈주의[4] 가 있었다. 그러나 펠드만Louis Felderman은 고대 문학에서 유대인에 대한 칭찬이나 우호적인 표현들을 놀라울 정도로 많이 수집해놓았다.[5] 그것을 보면 아프로디시아스를 연구하는 역사가인 탄넨바움Robert Tannenbaum의 논평에 설득력이 생긴다.

유대교는, 초기 3세기까지는, 이교도들에게 대중적인 인기를 더 많이 누렸을 것이다. 따라서 유대교는 로마 세계의 영혼을 구원하는 경쟁에서 그리스도교에 다른 무엇보다도 더 강력한 경쟁자였다. 이러한 상황은 지금까지 생각한 어떤 이유보다 더 확실한 것이다. 이것은 주후 초기 몇 세기 동안에 교회와 회당 사이의 긴장을 이해하는 데 도움을 준다.[6]

바울이 선교의 바탕을 이 이방인 단체를 겨냥한 호소에 두었다면, 그들에게 설교를 시작하면서 항상 구약성서를 사용한 것은 취지에 적절하게 맞는다. 그들은 바울이 예수에 대해 말하기 전에 모세에게 관심을 가졌다. 이것은 바울에 대한 유대인들의 적개심을 해명하는 데 도움이 된다 — 바울은 제국 내에서 그들 몫 중 중요한 부분인 이 부류의 사람들을 빼내가고 있었던 것이다. 바울 세계의 사회학 전문가인 타이센Gerhard Theissen은 이 점을 다음과 같이 강조한다:

하나님을 두려워하는 사람들은 그들의 태생적 전통과 종교와 관련해서 이미 독립을 과시했다. 그들은 서로 다른 두 문화의 영역 사이에 서 있었다. 그래서 그들은 그리스도교 신앙에 대해 특별히 수용적인 입장이었다. 이 신앙은 인종적, 문화적 경계선을 가로질러 유산으로 물려받은 전통에서 독립한 자기 정체성을 제공했다.

유대교는 이러한 기능을 수행할 수 없었다. 유대교 내에서 이 사람들은 충분한 자격을 부여받지 못했다. 그러나 그리스도교는, 특별히 바울적 그리스도교의 형태에서는, 그들에게 유일신 사상과 높은 도덕적 원칙을 인정하는 가능성을 제공하는 동시에 할례를 받지 않고도, 의례적 요구를 이행하지 않고도, 그들의 사회적 신분에 부정적으로 영향을 끼치는 제한들을 수용하

지 않고서도 완전한 종교적 평등을 획득할 수 있는 가능성을 제
공했다.

이러한 관점에서 보면, 그리스도교와 유대교 사이의 갈등을 더
쉽사리 이해할 수 있다: 그리스도교의 선교는 유대교의 후원자
인 바로 그 이방인들을 유인해 가는 것이었다 … 그들(하나님을
두려워하는 사람들)의 기여는 이제 그리스도교 공동체에 혜택
을 주었을 뿐만이 아니라 유대인들도, 소수자 집단으로서, 반유
대적 편견이 가득한 외국 이방인 세계에서 그런 사람들의 인정
과 지지에 의존하게 되었다.[7]

바울이 경건한 사람들(Theosebeis)을 상대로 배타적으로 선교활동
을 했다고 생각할 이유는 없다. 그들은 바울이 회당에서 활동을 시작
할 수 있는 기반을 제공했을 것이다. 여기에서부터 바울은 그들의 친
척, 친구, 동료들을 아우르는 더 넓은 연결망으로 옮겨 갈 수 있었다.
그가 자신을 모든 사람에게 모든 것이 되게 했다고, 즉 유대 사람들
에게는 유대인이 되고, 이방 사람들에게는 이방 사람이 되었다고 했
을 때에는, 이 중간 지대를 염두에 두고 말했던 것이다. 그는 이 중간
지대에서 이미 종교에 이끌린 사람들에게 종교를 가져다주는 활동을
벌일 수 있었다.

바울은 이런 사람들에게 그들이 친밀하게 모이는 자리에서 (긴급

사태에 직면하여 광범위하게 써 보내는 서한문으로 하는 것 외에) 어떻게 말을 걸었을까? 그가 그들에게 복음을 가져다준 것은 분명하다. 복음이란, 다른 것이 아니라 예수의 죽음과 부활에서 메시아적 희망이 성취되었다는 것이다. 메시아적 전승을 해석하는 데 있어서 그는 바리새적 훈련을 통해 준비가 잘되어 있었다. 그가 성경에서 결정적인 구절을 끌어댈 필요가 있을 때에는, 길을 가고 있든 도서관에서 멀리 떨어져 있든, 그 어디에 있든 상관없이, 그의 손에 그 구절이 있었다.

이런 사실은 그가 받은 교육에 대해 궁금증을 갖게 한다. 그렇다면 그는 가말리엘 문하에서 공부했는가? 아니다. '자신은 유대에서 알려져 있지 않았다(갈 1:22)'는 말이 거짓말이 아니라면, 그가 예루살렘에서 공부했다는 건 있을 수 없는 일이다. 디아스포라 세계에도 학문이 있었다. 그러면 바울은 어떻게 학문을 닦을 수 있었을까? 그의 아버지는 부유한 천막 제작자였을까? 우리는 알 수가 없다. 어쨌든 간에 명백한 것은 그가 훌륭한 교육을 받았다는 사실이다. 비록 그가 히브리어가 아니라 70인역 그리스어로 유대 성서를 인용하지만 말이다. 물론 이것은 그가 그리스어를 사용하는 사람들에게 말하고 있기 때문에 그랬을 것이다. 그러나 학자들은 그가 성서 해석도 히브리어 성서보다 70인역 성서에 더 많이 의존한다는 것을 발견했다. 이것은 그가 가말리엘 문하에서 공부했다는 견해를 반박하는 또 하나의 관점이다.

디아스포라의 그리스 문화 풍토에서 바울이 받은 폭넓은 교육은 어떤 것이었나? 여기서 학자들은 여러 해에 걸쳐 한쪽 극단에서 다른 쪽 극단으로 왔다 갔다 했다. 바울이 유대교의 지혜를 버리고 그리스 철학을 받아들였다고 생각했을 때에는 그의 작품을 면밀히 연구해서 얻은 것보다 훨씬 더 많이 그가 헬레니즘의 영향을 받은 것으로 이야기했다. 그러나 그는 결코 그리스나 로마 철학자를 인용하지 않는다.

샌더스E.P. Sanders의 영향력 있는 저서에서는 그 추가 헬레니즘적 명제를 반대하는 쪽으로 이동했다. 샌더스는 슈바이처Albert Schweitzer의 명제, 즉 예수는 유대적 묵시문학의 교사였다는 주장을 갱신한 것이다. 그러나 이 견해는 바울의 수사학에 대한 집중적 연구로 최근에 조정되었다.

이 연구가 밝혀낸 것은 바울이 그리스적 논증 문체, 즉 서간문적, 교훈적, 의례적(문자적 의미로는 '과장적') 문체들을 익히 알고 있었다는 것이다. 그는 특별히 스토아 철학적 '혹평'이라는 경쟁적 교수법에 능숙했다. 에픽테투스 같은 견유학자들은 상상의 질문자가 스승에게 도전하는 것으로 설정해놓고, 가상의 토의를 짧게 연발하는 형식으로 가르쳤다. 이것은 자신에게 질문을 던지고 스스로 답하는 일종의 교수법을 만들어낼 수 있다.

여기서의 바울은 변호하는 입장이다:

할례는 도대체 쓸모가 있는가?
그렇다. 여러 가지 점에서…

유대 사람들이 하나님에 대한 신뢰를 파기했다면, 그것이 하나님으로 하여금 신실성을 저버리게 만드는가?
그럴 수 없다…

하나님께서 진노하신다는 (인간적 용어로 표현한다면) 것은 잘못인가?
절대로 그렇지 않다…

그렇다면 우리 유대인들이 우월한가?
전혀 그렇지 않다…

우리는 믿음으로 율법을 폐하는가?
그럴 수 없다. 우리는 율법을 굳게 세운다…

율법은 그 자체가 죄인가?

그럴 수 없다…

율법은 그 자체로는 선한 것인데 나에게는 치명적인 것이 되었
는가?
그럴 수 없다…(롬 3:1-5, 8, 31, 7:7, 13)

이렇게 통통 끊어 치는 북소리 같은 질문들에 바울 자신이 답변을
채워넣는 방법은 바울의 변증적 기술이 어떠한가를 잘 보여준다. 바
울이 여기서 스스로에게 쏘아대는 질문들은, 바울이 대화 상대자들
로 하여금 자신을 향해 퍼붓게 만들었을 법한 종류의 물음들이다.
　이러한 방법은 소크라테스의 질문법과 정반대이다. 소크라테스적
방법이란 질문을 하는 것을 말하는데, 이것은 바울의 저술에 반영되
어 있는 하나의 구술 전략이다. 바울의 동아리 구성원들이 계속 질문
을 만들어내는 것을 쉽게 상상할 수 있다. 남들이 제때에 적절한 질
문을 하지 못하면 그 동아리 가운데서 누가 질문을 대신 해주는 그런
형식이다. 바울이 그의 서신에서 "우리는 여러분들에게 복음을 가져
다주었습니다"라고 말했듯이, 바울과 그의 동료들은 함께 전도활동
을 했다.
　바울의 수사학적 기술들은 오히려 그것을 버릴 때 더욱 더 선명하
게 드러난다. 고린도 사람들이 바울은 자기들에게 와서 활동한 다른

"잘난 선교사들"처럼 그렇게 현명하거나 말주변이 있지 않다고 평가했을 때, 바울은 일종의 언어적 유도柔道[8]를 사용했다. 다시 말해서 그는 자기의 약함을 과시함으로써 이겼다. 바울을 헐뜯는 사람들은 더 우수한 지혜와 힘을 자랑했다. 그러나 바울은 어리석음과 연약함을 자랑한다고 했다.

그리스도께서는 세례를 주라고 나를 보내신 것이 아니라, 복음을 전하라고 보내셨습니다. 복음을 전하되, 말의 지혜로 하지 않게 하셨습니다. 그것은 그리스도의 십자가가 헛되이 되지 않게 하시려는 것입니다. 십자가의 말씀이 멸망할 자들에게는 어리석은 것이지만, 구원을 받는 사람들에게는 하나님의 능력입니다.

성경이 말하기를, "내가 지혜로운 자의 지혜를 멸하고, 총명한 자들의 총명을 폐할 것이다" 하였습니다. 현자가 어디에 있습니까? 학자가 어디에 있습니까? 이 세상의 변론가가 어디에 있습니까? 하나님께서는 이 세상의 지혜를 어리석게 하신 것이 아닙니까? 이 세상은 그 지혜로 하나님을 알지 못하였습니다. 하나님의 지혜가 그렇게 되도록 하신 것입니다. 하나님께서는 어리석게 들리는 설교를 통하여 믿는 사람들을 구원하시기를 기뻐하신 것입니다.

유대 사람은 기적을 요구하고, 그리스 사람은 지혜를 찾으나, 우리는 십자가에 달리신 그리스도를 전합니다. 그리스도가 십자가에 달리셨다는 것은 유대 사람에게는 거리낌이고, 이방 사람에게는 어리석은 일입니다. 그러나 부르심을 받은 사람에게는, 유대 사람에게나 그리스 사람에게나, 이 그리스도는 하나님의 능력이요, 하나님의 지혜입니다. 하나님의 어리석음이 사람의 지혜보다 더 지혜롭고, 하나님의 약함이 사람의 강함보다 더 강합니다.

형제자매 여러분, 여러분이 부르심을 받을 때에, 그 처지가 어떠하였는지 생각하여 보십시오. 육신의 기준으로 보아서, 지혜 있는 사람이 많지 않고, 권력 있는 사람이 많지 않고, 가문이 훌륭한 사람이 많지 않았습니다. 그런데 하나님께서는, 지혜 있는 자들을 부끄럽게 하시려고 세상의 어리석은 것들을 택하셨으며, 강한 것들을 부끄럽게 하시려고 세상의 약한 것들을 택하셨습니다. 하나님께서는 이 세상에서 비천한 것들과 멸시받는 것들을 택하셨으니 곧 잘났다고 하는 것들을 없애시려고 아무것도 아닌 것들을 택하셨습니다. 이리하여 아무도 하나님 앞에서는 자랑하지 못하게 하시려는 것입니다. 그러나 여러분은 하나님의 자녀로서 그리스도 예수 안에 있습니다. 그는 우리에게 하나님으로부터 오는 지혜가 되시며, 의와 거룩함과 구원이 되셨습니다. 그것은 성경에 기록되어 있는바 "누구든지 자랑하려거든 주님을 자랑하라" 한 대로 되게 하시려는 것입니다.

이러한 이유로, 형제자매 여러분, 내가 여러분에게로 가서 하나님의 비밀을 전할 때에, 훌륭한 말이나 지혜로 하지 않았습니다. 나는 여러분 가운데서 예수 그리스도 곧 십자가에 달리신 그분밖에는, 아무것도 알지 않기로 작정하였습니다. 내가 여러분과 함께 있을 때에, 나는 약하였으며, 두려워하였으며, 무척 떨었습니다. 나의 말과 나의 설교는 지혜에서 나온 그럴 듯한 말로 한 것이 아니라, 성령의 능력이 나타낸 증거로 한 것입니다. 그것은 여러분의 믿음이 사람의 지혜에 바탕을 두지 않고 하나님의 능력에 바탕을 두게 하려는 것입니다.

그러나 우리는 성숙한 사람들 가운데서는 지혜를 말합니다. 그런데 이 지혜는, 이 세상의 지혜나 멸망하여 버릴 자들인 이 세상 통치자들의 지혜가 아닙니다. 우리는 비밀로 감추어져 있는 하나님의 지혜를 말합니다. 그것은, 하나님께서 우리를 영광스럽게 하시려고, 영세 전에 미리 정하신 것입니다.

이 세상 통치자들 가운데는 이 지혜를 아는 사람이 하나도 없습니다. 그들이 알았더라면, 영광의 주님을 십자가에 못 박지 않았을 것입니다. 그러나 성경에 기록된바 "눈으로 보지도 못하고 귀로 듣지도 못한 것들, 사람의 마음에 떠오르지 않은 것들을,

하나님께서는 자기를 사랑하는 사람들에게 마련해주셨다" 한 것과 같습니다. 하나님께서는 성령으로 이런 일들을 우리에게 계시해주셨습니다. (고전 1:17-2:10)

우리 모두는 말재주를 줄여야 마땅하다!

‖ 주 ‖

1)* 학자들은 다음과 같은 구절에서 세례식 고백문들과 당시의 노랫말들의 흔적들을 발견한다: 롬 6:3-4, 고전 6:1, 10:1-3, 12-13, 갈 3:27, 빌 2:6-11.

2) 미국의 Doubleday 출판사에서 발행한 성서주석 시리즈.

3) 로마의 풍자시인 (약 AD 60 ~ 140년).

4) 유대인을 증오하고 배격하는 사상.

5)* Louis Feldman, *Jew and Gentile in the Ancient World: Attitudes and Interaction from Alexander to Justinian* (Princeton University Press, 1993), p. 124.

6)* John Dominic Crossan and Jonathan I. Reed, *In Search of Paul: How Jesus' Apostle Opposed Rome's Empire with God's Kingdom* (Harper/San Francisco, 2004), p. 27에서 재인용.

7)* Gerd Theissen, *The Social Setting of Pauline Christianity: Essays on Corinth*, edited and translated by John H. Schultz (Fortress Press, 1982) pp. 1-3-04.

8) 유도(柔道)라는 무술의 근본 원리는 이유제강(以柔制强), 즉 약한 것으로써 강한 것을 제압하는 것이다.

제4장

바울과 베드로

바울은 예루살렘의 원 제자들과 아주 불편한 관계였음을 거듭거듭 분명하게 천명했다. 그는 예루살렘에 단지 세 번만 올라갔는데 그것도 매번 썩 내키지 않는 마음으로 또는 두려움에 짓눌린 마음으로 올라갔던 것이다.

누가는 사도행전에서, 이 일을 아리송하게 만들려 한다. 누가는 바울이 예루살렘으로 여섯 번 여행한 것으로 하고, 가말리엘 문하에서 공부하러 올라간 것을 그 가운데 하나로 친다. 누가는 바울을 스데반의 순교 현장에 있게 하고, 바울이 신도들을 집집마다 찾아가서 끌어내어 처벌하는 직권을 대제사장과 산헤드린으로부터 받은 것으로 만든다. 그리고 나서, 그에게 임무를 부여하여 예루살렘에서 다마스쿠스로 파송한 후에, 바울이 예수로부터 부름을 받는 사건이 다마스쿠스로 가는 여행 도중에 일어나는 것으로 제시한다.

이 사건 후에, 그는 자신이 그리스도인 생활의 중심부로 여기는 예루살렘으로 바울을 다섯 번 돌려보낸다. 바울 여행의 지도 — 옛 성경책에 들어 있는 채색 지도에 바울의 여로를 국수가락이 얽힌 것처럼 그려놓은 것 — 는 누가가 과장해서 그려낸 왜곡된 바울 상에 근거한다.

이것을 보고 사람들이 바울은 어느 교회 공동체에 머물러 있을 시간을 갖지 못한 사람이라서 끊임없이 옮겨 다니고 있었다는 인상을 갖게 되는 것은 놀라운 일이 아니다. 누가는 바울을 끊임없이 "본부에 확인해서 점검해보는" 인물로 제시하기를 원한다. 그렇지만 실제의 바울은 자기는 그런 일을 했다는 것을 강조해서 부인한다.

누가가 사도행전을 쓴 것은 예루살렘 교회의 지도자인 주님의 동생 야고보가 죽임을 당한 이후이다. 야고보의 처형 사건은 요세푸스의 《유대 고대사》(20,200)에 기록되어 있다. 이 사건이 일어난 것은 야고보와 예루살렘에 있는 유대 당국 사이의 관계가 단절된 이후이고, 로마 군대가 성전을 파괴하기(서기 70년) 이전이다. 그러므로 누가의 시대에는 예수운동이 그 본래의 예루살렘 근원으로부터 거의 완벽하게 뿌리가 뽑힌 상태였다. 그래서 예수운동은 여러 방향으로 이끌려가는 중이었다.

누가는 과거에 대한 그의 기억 속에 있는 예루살렘이라는 하나의 중심축을 재창조해내려고 했다. 왜냐하면 그의 시대에는 선교의 전개 사태가 신도들을 뒤흔들어서 여러 갈래로 갈라지게 하는 형편이었기 때문이다. 누가가 특별히 원한 것은 바울의 선교를 중심이 되는 예루살렘이라는 한 초점 범위 내에 머물러 있게 하는 것이었다. 누가는 예루살렘 교회의 창립 세대들과 체결한 바울의 협상을 시대착오적인 사도회의로 제시하는데, 이 회의에서 바울이 할례 받지 않은 사람들에게 복음을 전하는 사명을 위임받았다는 것이다.

누가는 이 주장을, 이러한 임무를 예수로부터 직접 받았다고 하는 바울 자신의 고백과 조화시켜야 했다. 누가가 이 난관을 눈가림으로 넘긴 한 가지 방법은 이방인들에 대한 바울의 소명을 베드로로 하여금 선취하도록 하는 것이었다.[1]

✣ 베드로의 소명

누가는 그의 이야기의 분량을 누구에게보다도 바울에게 더 많이 할당한다. 왜냐하면 디아스포라 교회들이 더 많은 성공을 거두었기 때문이다. 그렇지만 그는 거의 모든 점에서 베드로에게 지도적인 역할을 부여한다. 누가에게 있어, 그리스도 교회의 설립은 오순절 때에 예루살렘에서 일어난 것이다. 오순절 성령 강림 직후에 베드로가 최초의 긴 복음 진술을 모든 민족들에게 설교했다.[2] 이 사건은 예루살렘에서 일어났지만, 베드로의 청중은 전 세계에서 모인 사람들이었으며 그의 설교는 가능한 한 각 언어로 전달되었다.

> 그런데 우리 모두가 저마다 태어난 지방의 말로 듣고 있으니, 어찌 된 일이요? 우리는 바대 사람과 메대 사람과 엘람 사람이고, 메소포타미아와 유대와 갑바도기아와 본도와 아시아와 브루기아와 밤빌리아와 이집트와 구레네 근처 리비아의 여러 지역에 사는 사람이고, 또 나그네로 머물고 있는 로마 사람과 유대 사람과 유대교에 개종한 사람과 크레타 사람과 아라비아 사람인데, 우리는 저들이 하나님의 큰 일들을 우리들 자신의 방언으로 듣고 있소. (행 2:8-11)

바울은 말하기를 그가 예루살렘에서 베드로와 야고보와 담판했을 때 자기는 이방 사람들에게 복음을 전하는 사명을 위임받고 베드로는 할례를 받은 사람들에게 복음을 전하는 사명을 위임받게 되었다고 했다. 그러나 누가는 베드로가 하나님께서 이방 사람에게 보내신 맨 첫번째 사람이라 했다.

베드로는 예루살렘(거기에는 주님의 동생 야고보가 교회의 우두머리로 남아 있다)을 떠나서 룻다, 욥바, 가이사랴로 가서 선교활동을 한다. 그는 가이사랴 가까이 이르렀을 때에(누가가 바울을 다마스쿠스에 가까이 이르게 하는 것과 같은 방식으로), 이방인들에게 유대교의 음식 규례 준수를 어떻게 할 것이냐는 바울의 문제를 해결하는 환상을 바울보다 앞서 받았다.

그는 배가 고파서, 무엇을 좀 먹었으면 하는 생각이 들었다. 사람들이 음식을 장만하는 동안에, 베드로는 황홀경에 빠져 들어갔다. 그는, 하늘이 열리고, 큰 보자기 같은 그릇이 네 귀퉁이가 끈에 매달려서 땅으로 드리워져 내려오는 것을 보았다. 그 안에는 온갖 네 발 짐승들과 땅에 기어다니는 것들과 공중의 새들이 골고루 들어 있었다. 그때에 "베드로야, 일어나서 잡아먹어라" 하는 음성이 들려왔다. 베드로가 대답하였다. "주님, 절대로 그럴 수 없습니다. 나는 속되고 부정한 것을 한 번도 먹은 일이 없습니다." 그랬더니 두번째로 음성이 다시 들려왔다. "하나님께서 깨끗하게 하신 것을 속되다고 하지 말아라." 이런 일이 세 번 있은 뒤에, 그 그릇은 갑자기 하늘로 들려서 올라갔다.(행 10:10-16)

알려진 바와 같이, 하나님께서는 베드로의 가이사랴 도착에 맞추어 경건한 사람(*Theosebēs*) 하나를 예비해두셨다. 베드로가 그의 집에 도착했을 때에 그에게 말했다: "유대 사람으로서 이방 사람과 어울리거나 이방 사람의 집에 들어가는 것이 법으로 금지되어 있다는 것은 여러분도 아십니다. 그런데 하나님께서는 나에게, 사람을 속되다거나 부정하다거나 하지 말라고 지시하셨습니다"(행 10:28).

누가는 바울이 나중에 이방 사람들에 대한 그의 선교에서 서술한 모든 문젯거리를 미리 해결했다. 문제가 이렇게 해결된 후에 누가는 바울이 이방인 선교의 소명을 받도록 해두었다. 이처럼 베드로가 그 길을 준비한 이후에, 바울이 이방인들에 대한 그의 소명을 (베드로 다음에 이차적으로) 받을 수 있었던 것이다.

✣ 바울의 소명

바울이 부르심을 받은 사건에 관한 누가의 세 가지 이야기 가운데서 첫번째 것을 이미 제시했다. 그 세번째 이야기는 이것이 하나의 소명 이야기라는 것을 명백히 드러낸다. 이 이야기는 옛 예언자들에게 사명을 부여하는 사건에 근거한 소명 이야기이지, 회개 이야기가 아니다.[3] 누가는 바울이 자신의 이야기를 스스로 진술하는 것으로 기술한다. 바울은 가이사랴에서(여기는 베드로가 이방인 선교를 개시한 바로 그곳이다) 열린 한 심문 과정에서 아그립바 왕에게 이 이야기를 하고 있다.

사실, 나도 한때는, 나사렛 예수의 이름을 반대하는 데에, 할 수 있는 온갖 일을 다 해야 한다고 생각하였습니다. 그래서 나는 그런 일을 예루살렘에서 하였습니다. 나는 대제사장들에게서 권한을 받아가지고 많은 성도를 옥에 가두었고, 그들이 죽임을 당할 때에 그 일에 찬동하였습니다. 그리고 회당마다 찾아가서, 여러 번 그들을 형벌하면서, 강제로 신앙을 부인하게 하려고 하였습니다. 나는 그들에 대한 분노가 극도에 다다랐으므로, 심지어 외국의 여러 도시에까지 박해의 손을 뻗었습니다.

한번은 내가 이런 일로 대제사장들에게서 권한과 위임을 받아가지고 다마스쿠스로 가고 있었습니다. 임금님, 나는 길을 가다가, 한낮에 하늘에서부터 해보다 더 눈부신 빛이 나와 내 일행을 둘러 비추는 것을 보았습니다. 우리는 모두 땅에 엎어졌습니다. 그때에 아람 말로 나에게 "사울아, 사울아, 너는 어찌하여 나를 핍박하느냐? 가시 돋친 채찍을 발길로 차면, 너만 아플 뿐이다" 하고 말하는 음성을 들었습니다. 그래서 내가 "주님, 누구십니까?" 하고 물었더니, 주님께서 "나는 네가 핍박하는 예수이다. 자, 일어나서, 너의 발을 딛고 서라. 내가 네게 나타난 목적은, 너를 일꾼으로 삼아서, 네가 나를 본 것과 내가 장차 네게 보여줄 일의 증인이 되게 하려는 것이다. 나는 이 백성과 이방 사람들 가운데서 너를 건져내어, 이방 사람들에게로 보낸다. 이 것은 그들의 눈을 열어주어서, 그들이 어둠에서 빛으로 돌아서 고, 사탄의 세력에서 하나님께로 돌아오게 하며, 또 그들이 죄 사함을 받아서 나에 대한 믿음으로 거룩하게 된 사람들 가운데 들게 하려는 것이다" 하고 말씀하셨습니다. (행 26:9-18)

유대의 각 회당에 찾아가서 사람들을 고문하고 그리스도인들을 사 형에 처하게 했다는 바울의 터무니없는 이야기 다음에 누가는 바울 의 소명 이야기를 에스겔의 소명 사건에 맞추어서 꾸민다.

그가 자신의 복음서에서 유대교의 노랫말을 취해 마리아, 스가랴 와 시므온의 노래들을 만들어서 예수의 탄생 이야기들 속에 끼워넣 었듯이 말이다. 에스겔도 역시 밝은 빛을 보고 놀란다.

그 모습을 보고, 나는 얼굴을 땅에 대고 엎드렸다. 그때에 말씀 하시는 이의 음성을 내가 들었다. 그가 나에게 말씀하셨다. "사 람아, 일어서라. 내가 너에게 할 말이 있다." 그가 나에게 이 말 씀을 하실 때에, 한 영이 내 속으로 들어와서, 나를 일으켜 세웠 다. 나는 그가 나에게 하시는 말씀을 계속 듣고 있었다.

그가 나에게 말씀하셨다. "사람아, 내가 너를 이스라엘 자손에게, 곧 나에게 반역만 해온 한 민족에게 보낸다. 그들은 그들의 조상처럼 이 날까지 나에게 죄만 지었다. 얼굴이 뻔뻔하고 마음이 굳을 대로 굳어진 바로 그 자손에게, 내가 너를 보낸다. 네가 그들에게 '주 하나님께서 이와 같이 말씀하신다' 하고 말하여라. 그들은 반역하는 족속이다. 들든지 말든지, 그들은 자기들 가운데 예언자가 있다는 것만은 알게 될 것이다. 너 사람아, 비록 네가 가시와 찔레 속에서 살고, 전갈 떼 가운데서 살고 있더라도, 너는 그들을 두려워하지 말고, 그들이 하는 말도 두려워하지 말아라. 그들이 하는 말을 너는 두려워하지 말고, 그들의 얼굴 앞에서 너는 떨지 말아라. 그들은 반역하는 족속이다. 그들이 들든지 말든지 오직 너는 그들에게 나의 말을 전하여라. 그들은 반역하는 족속이다. 너 사람아, 내가 너에게 하는 말을 들어라. 너는 저 반역하는 족속처럼 반역하지 말아라."(겔 1:28–2:8)

에스겔은 백성의 위협에 맞서도록 확신에 가득 차서 파송된다. 누가가 채택한 이 모형은 바울이 들었던 "너의 백성과 모든 이방 사람들로부터 건져내어"라는 말씀을 설명해준다. 이것은 바울이 주로 "그의 백성" — 즉 유대인들에게 위협을 당한다는 누가의 도식에 부합한다. 그러나 예수를 믿는 그의 동료 형제들로부터 온다고 바울이 스스로 느낀 그 위협에는 그다지 잘 부합하지 않는다.

이 문제는 바울이 예루살렘에서 그곳의 형제들과 담판한 결과를 서술하는 데서 드러나는데, 그것은 그가 이방 민족들에게 복음을 전하는 소명을 받은 지 17년 후의 일이다. 이 모임에 대한 누가의 기술은 시대착오적으로, 사도회의, 나아가 제1차 교회 총회로 불려 왔다.

❖ 예루살렘 회합

이 회합에 대한 누가의 번안에서는, 예루살렘 공동체의 사절들이 안디옥에 가서 이방인 그리스도인들은 모두 할례를 받아야 한다고 요구했다. 이 문제를 두고 많은 토론을 한 후에 안디옥 교회는 바울과 바나바와 "신도들 가운데 몇 사람"을 예루살렘에 있는 "사도들과 장로들" 앞에서 자기들의 무할례 실천을 변호하도록 파송했다(행 15:1-3).

이 대표단이 이 사안을 그곳의 모임에 제시했을 때에, 바리새파에 속했던 몇몇 형제들이 할례에 대한 요구를 반복했다. 그때에 "사도들과 장로들"이 이 문제를 결정하려고 공식적 회합에 들어갔다. "격렬한 논쟁을 한 후에" 베드로가 일어나 말했다. 그는 하늘로부터 "부정한" 음식을 먹으라는 명령을 받은 그 환상을 회상하여 그들에게 말하기를 이것은 옛 율법이 더 이상 강제적이 아님을 입증한 것이라고 했다.

그러한 사건이 이전에 일어났다면, 이 "회의"가 해명해야 할 의문점이 왜 남아 있었을까 하고 의아하게 생각하는 사람이 있을 것이다. 예루살렘 교회의 실질적 권위자인 야고보가 그 문제를 최종적으로 매듭짓는 듯이 말했다: "형제 여러분, 내 말을 들어보십시오. 하나님께서 이방 사람들을 돌아보셔서, 그들 가운데서 자기 이름을 위하여 처음으로 한 백성을 택하신 경위를 시므온이 말하였습니다." 많은 주석자들은 야고보가 "시므온"이라는 이름을 시몬(베드로)의 변이형으로 사용한 것이라고 생각한다 — 다시 말하면, 야고보는 베드로가 방금 이야기한 것을 또 다시 그들에게 말하고 있는 셈이다.

  이것은 누가가 자신의 시적 창작물인, 그의 복음서의 탄생 이야기에 나오는 시므온의 노랫말을 지시하고 있다고 보는 것이 더 그럴 듯한 것 같다. 마리아와 요셉이 아기 예수를 성전에 데려갔을 때에, 시므온이 예언하기를 그들의 아기가 "이방 사람들에게는 계시하시는 빛"이라고 했다(눅 2:32).

  이 해석에 대한 반대 논리는, 야고보의 청중은 아마도 예수의 어린 시절에 일어난 일을 알지 못했으리라는 것이다. 그러나 그 일이라면, 누가 역시 몰랐을 것이다. 그런데 누가가 그 사건을 자신의 복음서에서 선포할 수 있다면, 왜 자신의 사도행전에서는 그것을 언급할 수 없겠는가? 그것은 그 두 가지가 다 그의 창작물이라는 사실과 전혀 맞지 않는다.

그 다음에 야고보는 더 나아가서 예언자 아모스가 한 말을 인용한다: 하나님께서 "나의 이름을 부르는 이방 사람들을" 모으실 것이다(행 15:17). 이것은 이방 사람들이 부름을 받을 것이라는 것을 말한다. 하지만 그것은 할례가 그들에게 요구될지 않을지를 확정하지 않는다.

그렇지만 야고보는 하나님께서 이방 사람들을 부르시는 것이라면, 믿는 형제자매들은 그들의 응답에 장애물들을 쌓아올려서는 안 된다고 말했다. 믿는 형제자매들은 이방 사람들이 지켜야 할 규칙을 몇 가지 기본적인 것들에 국한해야 한다 — 즉, 이방 사람들은 우상에게 바친 더러운 음식과 성적 방종과 목매어 죽인 동물과 피를 삼가야 한다는 것이다(행 15:19-20).

누가는 이러한 제한이 베드로의 환상과 상충한다는 사실을 알아차리지 못했다. 베드로가 그 환상에서 들은 바는 그 어떤 음식도 불결하지 않다는 것이었다 — 아마도 이 말은 피와 목매어 죽인 짐승으로 만든 음식을 포함할 것이다. 그렇지만, "사도들과 장로들은, 온 교회와 함께" 이 네 가지 요구 사항을 공포하기로 결정했다.

이것은 "사도훈령"이라 불려 왔다. 누가는 이것의 시행을 될 수 있는 대로 공식적인 것이 되도록 조처했다. 문서가 작성된 다음에 예루살렘 교회에서 사절 두 사람을 선출하여 그것을 안디옥 교회에 배달하도록 보냈다. 이 사절들은 안디옥 교회의 회중 앞에서 그것을 낭독

했다. 회중은 그것을 공식적으로 수용하고, 사절들을 예언자로 환호했다.

누가는 이 전체 절차를 성령의 부으심으로써 보증했다(행 15:22-33). 이 기사는 형식적이며, 위계적이며, 법적이며, 선행 사건에 근거한 것이다. 과정의 각 단계마다 형식들이 요구되었으며 충족되었다. 누가는 자기 시대의 교회의 구조 관계들을 불러올 뿐만 아니라, 그것들을 옹호하고 창조하는 데 일조하고 있었다.

이 사건에 대한 바울의 기사는 — 이것은 누가가 그의 번안을 기록한 것보다 30년 또는 그보다 더 오래 전에 씌어졌다는 사실을 기억하라 — 너무나 다르다. 거기서는, 바울이 예루살렘 교회에 소환을 당하지도 않았으며 안디옥 교회에서 파송을 받지도 않았다. 바울은 예루살렘에 올라가라고 종용하는 환상에 응하여 올라갔다. 그는 할례받지 않은 디도를 데리고 갔는데 그것은 그를 하나의 시험 사례로 삼기 위해서였다. 그는 자신의 안건을 공식적인 모임에 내놓았을 뿐만 아니라, 이른바 지도자들과의 사적 회의에도 내놓았다.

베드로의 환상은 안건으로 오르지 않았다 — 그래서 음식 규례에 대한 쟁점은 (할례 문제와는 달리) 논의되지 않았다. 공식적 훈령이 예루살렘 교회에서 발송된 것도 아니고, 그것이 안디옥 교회에서 수용된 것도 아니다. 네 가지 요구 사항을 담은 훈령을 결의한 것이 아니라, 베드로와 야고보는 바울에게 그저 친교의 악수를 건넸던 것이다. 바울이 서술하는 것은 초대 교회 공동체들의 카리스마적 조건들이지, 누가가 설립하고자 하는 태동하는 교회가 아니었다.

그 다음에 십사 년이 지나서, 나는 바나바와 함께 디도를 데리고, 다시 예루살렘으로 올라갔습니다. 내가 거기에 올라간 것은 계시를 따른 것이었습니다. 나는 이방 사람들에게 전하는 복음을 그들에게 설명하고 또 유명한 사람들에게는 따로 설명하였습니다. 그것은, 내가 달리고 있는 일이나 지금까지 달린 일이 헛되지 않게 하려고 한 것입니다.

내가 데리고 간 디도는 그리스 사람이지만, 할례를 강요받지 않았습니다. [안디옥에] 몰래 들어온 거짓 형제들 때문에 할례를 강요받는 일이 있었던 것입니다. 그들은 우리를 노예로 만들고자 하여, 그리스도 예수 안에서 누리는 우리의 자유를 엿보려고 몰래 끼어든 자들입니다. 우리는 그들에게 잠시도 굴복하지 않았습니다. 그것은 복음의 진리가 언제나 여러분과 함께 있게 하려고 한 것입니다.

그 유명하다는 사람들로부터 나는 아무런 제안도 받지 않았습니다. ― 그들이 어떤 사람이든지, 나에게는 아무 상관이 없습니다. 하나님께서는 사람을 겉모양으로 판단하지 않으십니다 ― 그 유명하다는 사람들은 나에게 아무런 제안을 하지 않았습

126

니다. 도리어 그들은, 베드로가 할례 받은 사람들에게 복음을 전하는 일을 맡은 것과 같이, 내가 할례 받지 않은 사람에게 복음을 전하는 일을 맡은 것을 알게 되었습니다.

그들은, 베드로에게는 할례 받은 사람에게 복음을 전하게 하시려고 사도직을 주신 분이, 나에게는 할례 받지 않은 사람에게 복음을 전하게 하시려고 사도직을 주셨다는 사실을 깨달았습니다. 그래서 기둥으로 인정받는 야고보와 게바와 요한은, 하나님이 나에게 주신 은혜를 인정하고, 나와 바나바에게 오른손을 내밀어서, 친교의 악수를 하였습니다. 그렇게 하여, 우리는 이방 사람에게로 가고, 그들은 할례 받은 사람에게로 가기로 하였습니다. 다만 그들이 우리에게 바란 것은 가난한 사람을 기억해 달라는 것인데, 그것은 바로 내가 마음을 다하여 해오던 일이었습니다.(갈 2:1-10)

✛ 안디옥에서 일어난 충돌 사건

바울과 누가는 예루살렘에서 논의된 것이 할례 문제였다는 사실에 의견이 일치한다. 누가는 또한 수정된 음식 규칙이 제정되었다고 말한다. 그러나 다른 한 사건, 즉 안디옥에서 바울과 베드로가 충돌

한 일에 대한 바울의 기사는 이 문제가 예루살렘 회의에서 조금도 해결되지 않은 것으로 다룬다. 누가는 이 사건을 전적으로 생략해야 했다. 왜냐하면 그것은 그의 두 가지 이야기 — 베드로의 환상 이야기와 예루살렘 회의 이야기(이 회의에서 베드로의 환상은 다른 사람들이 따라야 할 지침으로 인용되었다) — 에 모순되기 때문이다.

베드로와 바울이 안디옥에 있을 때에, 예루살렘에 있는 야고보로부터 경고가 내려왔다. 그것은 베드로에게 이방인 형제들과 함께 음식 규정에 어긋나는 음식을 먹고 있어서는 안 된다는 것을 알리는 것이었다. 베드로는 야고보가 내린 이 지시에 순응했다 — 이것이 바울을 격노하게 했다. 왜냐하면 바울에게 주님의 식사(=성찬식의 음식)는 유대인이든 이방인이든 모든 형제들을 위한 통합의 상징이기 때문이었다.

바울의 격노는 베드로와의 불화를 보고할 때에 숨겨지지 않고 적나라하게 드러났다. 바울은 너무나 화가 나서 경멸적인 신조어 — "유다이제인"(*ioudaïzein*)을 만들어냈다. 그것은 유대인이 아니면서 유대인인 듯이 행세하는 것을 뜻한다.

그런데 게바가 안디옥에 왔을 때에, 잘못한 일이 있어서 나는 그를 얼굴을 마주 보고 나무랐습니다. 그것은, 게바가 야고보에게서 몇몇 사람이 오기 전에는, 이방 사람들과 함께 음식을 먹

128

다가 그들이 오니, 할례 받은 사람들을 두려워하여 그 자리에서 떠나 물러난 일입니다. 다른 유대 사람들도 그와 함께 위선을 하였고 바나바까지도 그들의 위선에 끌려갔습니다. 나는 그들이 복음의 진리를 따라 똑바로 걷지 않는 것을 보고, 모든 사람 앞에서 게바에게 이렇게 말하였습니다. "당신은 유대 사람인데도 유대 사람처럼 살지 않고 이방 사람처럼 살면서 어찌하여 이방 사람더러 유대 사람이 되라고 강요합니까?"(갈 2:11-14)

누가가 왜 이 이야기를 할 수 없었는지를 알아내기는 쉽다. 후대의 몇몇 사람들은 바울이 이런 말을 하지 않았기를 바라기도 했다. 성 제롬은 베드로와 바울이 다툴 수 있었다는 생각에 너무나 충격을 받은 나머지, 그들이 정말로 의견이 일치하지 않았던 게 아니라 일종의 교육적 연극을 연출했다고 주장했다.[4] 그들이 외형적 의식은 중요하지 않다는 진리를 연극화하는 방식을 고안해냈다는 것이다.

어떤 사람들은 아직도 이 두 거물이 의견을 달리 할 수 있었다는 사실을 있는 그대로 받아들이지 못한다 — 예를 들면, 슈미탈스W. Schmithals는 바울이 자기 자신에게 더 중대한, 바나바와의 불일치를 은폐하는 방패막이로써 베드로를 호되게 비난한 것이라고 했다.[5] 베드로가 유대인의 음식 규례를 준수하는 데로 뒷걸음질 친 것에 바울이 분개한 것을 당연하다고 인정하는 사람들조차도, 바울이 단순한 식사 협정에 과잉반응을 한 것이라고 생각한다.

그러나 바울에게 있어서는 단순히 주님의 성찬에서 부여되는 통합이 위험에 처한 것이 아니었다. 부활하신 예수께서 안디옥 교회 안에 세례 받은 모든 사람들 속에 임재하셔서 그들이 그의 신비적 몸을 이루었다. 베드로가 부활하신 예수의 임재에서 물러난 것은 예수를 배격하는 일을 반복하는 것이었다. 그것은 하나의 장벽을 치는 것이었다. 이것은 하나님의 구원을 모든 민족에게 연장하는 것을 거부한 그 장벽과 관련이 있다.

우리는 고린도 교회의 파당에 대한 바울의 반발에서 그리스도의 몸을 분해하는 것을 두고 그가 무엇을 생각했는지를 배운다.

✛ 바울의 연대기

바울은 안디옥 충돌 사건을 예루살렘 회의 기사 다음에 놓았다. 내가 지금까지 그렇게 다룬 것처럼, 대다수의 사람들은 이 두 사건을 그런 순서로 다룬다. 그렇지만 이러한 순서에는 의심스러운 무엇인가가 있다. 만일 예루살렘 회의석상에서 나눈 그 평화의 악수가 이방인 형제들에게 율법을 강제하는 문제를 원칙적으로 해결했다면, 왜 그 문제가 그렇게 빨리 다시 제기되었을까? 예루살렘 회의에서 바나

바가 바울 편이었다면, 왜 그는 안디옥에서 동일한 쟁점을 두고 바울을 버렸을까? 그리고 왜 바울은 마치 그들 사이에 분열이 없었다는 듯이 나중에 바나바를 언급하는 것일까?(고전 9:6)

갈라디아서에 기술된 기사를 따르는 사람들은 그들 사이의 노선의 분리는 안디옥 논쟁 이후에 일어났다고 생각하는 것처럼 보인다. 그러나 누가는 밤빌리아에서 그들을 버리고 떠나간 마가, 요한과 함께 계속해서 일하는 문제를 두고 그들 — 바울과 바나바 — 이 다투었다고 했다(행 15:36-39). 이것 역시 바울이 나중에 바나바를 언급한 것을 해명하지 못한다.

그런데 바울이 갈라디아서에서 연대기적으로 이야기를 하고 있는 것이 아니라 중요한 쟁점부터 논증하고 있었다고 생각할 근거가 있다 — 즉 바울은 자기가 율법의 적용 문제에 대해 아주 확고한 입장을 취했다는 것을 보여주기 위해 베드로와 일으킨 갈등을 아껴두었는데, 그 이유는 그것이 그가 이방 사람들 가운데서 논박하고 있었던 바로 그 쟁점이었기 때문이라고 생각하는 것이다.

안디옥에서 제기한 바울의 논증은 정결음식 규례에 대한 것이기 때문에, 그것은 안디옥에서 바울이 취한 입장에서 자연스럽게 흘러나온다. 실제로, 그 논증은 안디옥 이야기에서 아무런 이음매의 흔적도 없이 펼쳐지기 때문에, 그 서신의 편집인이 어디에서 하나가 끝나고 어디에서 다른 하나가 시작되는지를 말하기는 어렵다고 말할 정도이다.

이 삽화[6]의 끝을 정하려는 시도는 어려운 수수께끼를 푸는 것과
같다. 이러한 난점은 그 서신의 초기 해석자들조차도 감지했다.
14절에서 바울은 안디옥 교회의 회중 앞에서 베드로에게 퍼부
었던 신랄한 논평을 전한다. 그는 여기서 첫번째 인용부호를 어
디에다 놓을지를 자신 있게 알아차릴 수 있을 정도로 선명하게
말한다 ─ "당신은, 태생이 유대 사람이면서, 유대 사람처럼 살
지 않고⋯". 그러나 그는 베드로를 겨냥한 그의 비평이 어디에
서 끝나는지에 대해 아무런 명확한 지시를 내리지 않는다.
그러나 독자들은 2장의 마지막 구절들에 다다를 때에 더 이상
바울이 안디옥에서 베드로에게 건넨 연설을 듣고 있는 것이 아
니라는 사실을 알게 된다.
실제로, 문학적 형식에 관해서 말하자면, 2장을 마감하는 구절
들은 갈라디아서 독자들이 이전에 마주쳤던 어느 것과도 같지
않다. 사실 바울이 14절에서 시작한 인용을 형식상으로 끝맺지
못한 것은 결코 사고가 아니다. 그것은 안디옥 사건에 대한 자
신의 설명을 갈라디아에 벌어진 상황에 연결시키려는 그의 결
의를 반영한다.[7]

다시 말하면, 안디옥 이야기는 예루살렘 이야기 뒤에 와야 한다. 왜냐하면 그렇게 해야만 그 다음에 뒤따르는 논증과 순조롭게 연결될 수 있기 때문이다.

뤼데만G. Lüdemann은 이 순서를 논증하면서 바울이 안디옥 사건을 도입할 때에 연대기적 선후 관계를 표시하는 데 사용된 정상적인 낱말인 "그 다음에"(epeita)를 사용하지 않았다는 사실을 지적했다. 그 대신에 바울은 "그러나 … 때에"(hote de = but when…)라고 말했는데 이것은 선후를 나타내는 부사어구가 아니고 시점을 나타내는 접속사이다.[8]

이 순서를 따르면, 안디옥에서 음식 규례를 두고 충돌이 생겼고, 이 충돌이 분열을 일으켰고, 바울이 계시를 따라서 이 분열 문제를 예루살렘에 있는 형제들 앞에 가져갔다. 바울과 바나바가 거기에 갔는데, 누가가 서술한 대로 안디옥 교회의 대표자 신분으로서가 아니라, 철저히 토의하여 결정지어야 할 의견 차이를 가진 사람들의 신분으로 올라갔다.

바울이 바나바와 함께 거기에 갔다고 말한 뒤에, 이어서 그러나 "나는 내가 이방 사람들에게 전하는 복음을 그들에게 설명했습니다"라고 바울이 한 말을 주목해야 한다. 바울과 바나바는, 누가가 대표단의 구성원으로서 그 두 사람을 그리는 것처럼, 같은 목소리를 내고 있지 않다.

논쟁이 해결되고 평화의 악수로써 합의가 조인되었을 때에, 바울과 바나바의 관계는 우호적으로 지속될 수 있었다 — 그리고, 그 문제에 있어서는, 바울과 베드로의 관계도 그렇게 되었다. 바울은 그 전에 일어난 갈등을 이 자리에서 끄집어내었다. 갈라디아 사람들이 음식 규례의 문제가 해결되지 않은 것처럼 행동하고 있었다는 것이 유일한 이유였다.

이 순서가 뜻이 더 잘 통하게 한다. 뿐만 아니라 그것은 또한 누가가 평화적 방식으로 재창조한 순서를 들추어내준다. 누가는 안디옥에서 발생한 문젯거리를 거론한다. 그리고 곧이어서 그 문제는 예루살렘 교회에 제출되어 판정을 내리도록 한다. 이렇게 하여 안디옥 충돌 사건은 본래적인 순서대로, 그렇지만 가장되고 개량된 방식으로 언급된다.

이것이 그 순서라면, 맨 나중에 보도된 바울과 베드로 사이의 거래는 안디옥 충돌 사건에서 일어난 것이 아니라 예루살렘에서 평화의 악수를 나눈 후에 일어난 것이다. 이러한 견해가 잘 다져진 교회의 전승과 일치할 것이다. 즉 베드로는 계속해서 디아스포라에서 사도로 활동했으며 바울과 함께 로마에서 삶을 끝마쳤는데, 그들은 로마를 파괴한 그 화재에 대한 네로 황제의 광적 반응의 희생물로서 거기서 함께 죽임을 당했다는 전승 말이다.

그들을 궁극적으로 동반자로 다루는 것은, 로마의 클레멘트Clement와 안디옥의 이그나티우스Ignatius의 초기 서신들 안에 나타나 있는데, 이렇게 하여 정당화될 것이다. 이 두 위대한 지도자는 같은 편에서 삶을 마감했다.

‖ 주 ‖

1) 사도행전 10장은 베드로가 로마 군대 백부장 고넬료와 그 가솔들에게 복음을 전한 이야기이다. 사도행전에서는 이것이 최초의 명백한 이방인 선교의 한 사례로 제시되었다. 이것은 결국 이방인 선교의 문턱을 맨 처음으로 넘은 사람이 바로 베드로였다는 것을 암시한다.

2) 사도행전 2장 6–11절에 나오는 각 지역의 민족들을 그곳 출신의 디아스포라 유대인들을 가리키는 것으로 보는 전통적인 해석과 달리, 저자는 실제 그 민족을 지칭하는 것으로 보는데 그 견해는 옳다. 이 논거에 대해서는 김창락, 《다마스쿠스 사건 — 무엇이 일어났는가?》, 100–101쪽의 각주 15 참조.

3) 저자는 바울의 다마스쿠스 사건을 회개/회심/개종 사건으로 이해하는 전통적인 해석을 반대하는데, 그것은 전적으로 옳다.

4) 이러한 해석을 먼저 제시한 사람은 제롬이 아니라 크리소스톰Chrysosthom이다.

5)* Walter Schmithals, *Paul and James* (Alec R. Alleson, 1965), pp. 63–73.

6) 안디옥 충돌사건을 가리킨다.

7)* J. Louis Martyn, *Galations* (Doubleday, 1998), pp. 229–230.

8)* Gerhard Lüdemann, *Paul Apostle to the Gentiles: Studies in Chronology*, translated by F. Jones (Fortress Press, 1984), pp. 75–77. 리스너Rainer Riesner는, 약간 주저하면서도, 뤼데만Lüdemann이 제시하는 안디옥–예루살렘(Antioch–Jerusalem)이라는 순

서관계를 받아들인다: *Paul's Early Period: Chronology, Mission Strategy, Theology*, translated by Doug Stott (Eerdmans, 1998), pp. 232, 322.

제5장

바울과 여인들

바울은 여성이 남성과 기본적으로 평등하다는 것을 믿었다. 하지만 그가 이러한 태도를 가진 최초의 사람이라는 영예를 누릴 자격이 있는 건 아니었다. 그 영예는 그가 처음으로 가담한 디아스포라 교회들의 실천 속에서 그에게 수여되었다. 이 사상은 그가 기록한 가사 형식의 세례식 공식문 속에 나타나 있다.

여러분은 모두
세례를 받아 그리스도와 하나가 되고
그리스도를 옷으로 입었습니다.
그래서
유대 사람도 그리스 사람도 없으며,

종도 자유인도 없으며,

"남자와 여자"가 없습니다.

그리스도 예수 안에서

모두가 하나이며,

똑같습니다. (갈 3:26-28)

이 노랫말은 완벽한 대칭이 아니다. 세번째 대칭은 첫번째, 두번째 대칭과는 달리 "남자와 여자"로 표현되었기 때문이다.[1] 이 표현은 창세기에서 인용한 것이다("남자와 여자로 하나님께서는 그들을 창조하셨다"(창 1:27)). 이제는 더 이상 원래 분리된 그대로의 "남자와 여자"가 없다. 그들은 이제 그리스도 안에서 연합되었기 때문이다. 연합이라는 개념은 바울이 거듭난 형제자매들은 "존재의 새로운 질서"(새로운 피조물 ktisis)(고후 5:17)라고 말하면서 해명할 것이다.

형제자매들의 처음 공동체들은 그 시대에 가장 평등한 집단이었다. 바울은 그리스도 안의 자매들과 함께 일하고 그들에게 찬사를 보내고 그들의 보호를 받았다. 사람들은 이 사실을 숨기거나 축소시키려는 노력을 수세기에 걸쳐서 협력할 터였다. 그 예로 사람들이 유니아에게 한 것보다 더 극적인 것은 없다. 유니아는 배경상으로 바울의 친구이며, 감옥 동료이며, 동료 사도이며, 바울보다 먼저 그리스도교에 들어온 사람이었다(롬 16:7).

❖ 유니아

로마서의 끝에 바울이 인사말을 건네는 사람들의 긴 명단에서 그는 안드로니고와 유니아라는 부부 전도조를 특별히 언급하면서(롬 16:6-7) '나의 친척'(*suggeneis mou*)이라고 일컫는다. 이 말은 동포 유대인을 의미할 수도 있을 것이다 — 그는 이 편지 앞에서 그러한 의미로 사용했다(롬 9:3) — 그러나 웨인 믹스는 이것은 바울의 동향인들 즉, 길리기아 지방이나 바울의 고향 다소 출신인 사람들을 의미한 것이라고 생각했다.[2]

바울은 그들이 자기보다 먼저 세례를 받은 것을 알고 있다는 사실을 강조함으로써 — 그들은 나보다 먼저 그리스도를 믿은 사람들입니다 — 디아스포라 공동체들에서 그들을 만나고 있었던 초기 시절을 언급하고 있는 것이다. 그때 거기에서 바울이 시리아와 길리기아에 들어가게 되었던 것이다.

어쨌든 그는 이 두 사람과 특별한 유대감을 느끼고 있었다. 그들은 그와 함께 갇혔던 사람들(*synaichmalōtoi*)이었기 때문이다. 이 말은 그들이 실제로 그와 함께 (에베소 또는 빌립보에서) 투옥되었다는 것을 의미할 수도 있고, 단순히 역시 그들도 어느 때인가 감옥에 갇혔던 사람들이었다는 의미일 수도 있을 것이다. 여기서는 앞의 의미에 더 가까워 보인다. 왜냐하면 그는 동질적 친밀감을 강조하고 있기 때문이다. 바울이 그들을 일컬어 "사도들 가운데 뛰어난 사람들"이라고 한 것은 최고의 명예를 부여한 것이다.

처음 공동체들에는 직제는 없이 단지 직능들만 있었고, 바울은 성령의 갖가지 은사를 받은 모든 사람의 동일한 위계를 강조했다. 하지만 그는 '세 개의 큰' 은사 — 사도, 예언자, 교사(고전 12:28) — 중에서 사도들(apostoloi)을 목록의 첫번째로 넣었다. 유니아가 단지 사도들 가운데 포함된 것이 아니라, 뛰어난(episēmoi) 사도들 가운데 포함된다는 것은 아주 높은 명예이다. 크리소스톰John Chrysostom은 로마서 주석에서 이렇게 말했다: "이 여자를 사도들 가운데 포함시킬 공적이 있는 것으로 평가한 것을 보면 틀림없이 이 여자의 지혜사랑(philosopia)이 아주 위대했을 것이다."

비잔틴 교회에는 결혼한 성자들과 사도들에게 바치는 예배 의식이 있는데 그녀와 그녀의 남편이 그 대상 중 하나다. 오리게네스와 루피누스Rufinus를 포함하여 대다수의 초기 주석자들과 교부들은 그녀의 비범한 탁월함에 찬탄을 보냈다.

그러나 9세기 이전, 중세 어느 때에 여자 사도라는 것은 생각할 수 없다는 결정이 내려졌다. 그것은 그때까지 굳어져 있던 교회 직책과 서품들의 남성 독점에 거슬리는 것이었다. 그래서 유니아는 역사에서 지워져야만 했다. 이렇게 하는 것은 획수 하나만 그으면 되듯이 간단했다.

바울은 그녀의 그리스어 이름 유니아(*Iounia*)를 목적격인 유니안(*Iounian*)으로 사용했다. 강음 부호를 약간 변경해놓으면(최종 모음 위에 서컴플렉스[3]를 붙이면), 가상의 남성 이름인 유니아스(*Iounias*)의 목적격이 될 수 있다. 그러나 여기에는 한 가지 문제가 있다. '유니아스(*Iounias*)'는 단지 하나의 가상의 이름일 따름이다 ─ 그것은 고대의 모든 문헌과 비문에서는 한 번도 나타나지 않는다 ─ 이에 반해 '유니아(*Iounia*)'는 수백 번 나타난다. 이 밖에도 바울이 로마서 16장에서 언급하는 다른 짝들도 남성─여성 짝들이다 ─ 아굴라와 브리스길라, 빌롤로고와 유리아, 네레오와 올림바 ─ 예외적으로 여성─여성 짝이 제시된 경우도 있다(드루배나와 드루보사, 이들은 아마도 자매 관계일 것이다).

바울이 베드로와 주님의 형제들이 아내를 데리고 다닌다고 말했는데(고전 9:5), 이로 미루어볼 때 남성─여성으로 구성된 전도 짝이 일반적이었음을 알 수 있다. 오직 지극히 소비에트 방식으로 역사를 각색하는 경우에만 유니아를 실재하지 않은 인물로 천명하고, 안드로니고와 문헌학적으로 있을 것 같지 않은 유니아스라는 새 단짝을 생각해낼 수 있을 것이다. 바울은 자신의 여성 동역자들에게 관대했다. 동역자라는 칭호는 바울이 자랑스럽게 그들에게 부여한 것이다.

✣ 브리스길라

바울은 로마서에서 문안 인사를 보낸 사람들의 긴 명단을 브리스길라와 아굴라라는 두 사람으로 시작하는데, 이들은 자기보다 먼저 그리스도인이 된 또 하나의 유대인 부부 선교 짝이다. 바울이 이 부부를 만난 것은 이들이 글라디우스 황제 치하(서기 49년)에서 로마 시로부터 추방된 후였다.

바울은 이들과 함께 에베소와 고린도에서 복음을 전했으며 이들의 천막 제작소에서 일했다(행 18:3). 바울이 에베소에 있을 때는 그곳에 있는 이들의 가정 교회에서 고린도에 문안 인사를 보냈다(고전 16:19). 바울이 로마서에 들어 있는 긴 명단의 맨 윗줄에서 이 두 사람에게 문안 인사를 한 것으로 보아, 바울이 자신의 로마 방문을 준비하기 위해 이들을 그곳에 보냈다는 것을 짐작할 수 있다 — 이들이 자신들의 집에서 예배 모임을 가질 정도로 거기에 오래 있었다고 볼 수도 있지만 말이다(롬 16:5).

바울은 아마도 그 명단에 나오는 다른 지인들이 로마에 살고 있다는 사실을 브리스길라와 아굴라에게 들어서 알았을 것이다. 이들은 바울의 가장 유능한 통신원으로서, 그가 아직 방문하지 못한 곳에 보내는 이 서신에서 말한 지역적 문제들에 관해 정보를 제공했을 것이다.

바울 서신들과 누가(그는 브리스길라와 아굴라에 대한 좋은 사료를 갖고 있었던 것처럼 보인다)의 사도행전에서 브리스길라는 자주 그녀의 남편에 앞서 명단에 올라 있다. 신분을 의식하는 로마 세계에서 이처럼 명단에 먼저 올리는 것은 이러저러한 근거에서 위계가 더 높았음을 의미할 것이다. 믹스는 자유인으로 태어난 여자가 노예 신분에서 해방된 남편보다 먼저 명단에 올려지거나 귀족이 평민보다 먼저 명단에 올려지게 된다고 했다.[4] 브리스길라는 자신들의 천막 제작소에 투자를 더 많이 한 소유자였을 것이다 — 예를 들어 그녀의 지참금 속에 이 업무를 담당할 노예들이 포함되었을 수도 있다.

그녀가 남편보다 먼저 그리스도인이 되어서 그를 가르치는 데 도움을 주었거나 그들의 전도활동에서 주도적 역할을 했다고 생각하는 사람들도 있다. 누가는 바울과 바나바의 선교활동 초창기에는 바나바를 바울보다 앞세웠다. 이것은 바울이 뒤늦게 참여한 동반자였다는 사실을 나타낼 것이다(행 11:30, 12:25, 13:2). 심지어 브리스길라가 바울의 이름으로 된 차명문서를 썼다거나 히브리서를 썼다고 주장하는 사람들도 있다.

그리스도인들의 평등사상은 그녀가 신학적 용어로 그 남편보다 "지위가 높았다"고 생각하는 것에 반대한다. 그녀에게 우선권을 준 것은 아마도 과거 그들의 사회적 관례였기 때문이었을 것이다 — 사도행전 18장 2절은 그 당시 본도의 사정을 반영한 기록일 것이다.

✤ 뵈뵈

바울은 로마서를 그 편지에서 소개한 여자 편에 로마 사람들에게
보낸다. 그는 자기와 일반 신도 양쪽에서 차지하는 그 여자의 중요성
을 강조한다. 그래서 그는 로마에서 요구하는 협조사항이 무엇이든
그녀에게 제공할 것을 요청한다. 바울은 브리스길라와 그녀의 남편
과 함께 한 것처럼 뵈뵈와 더불어 중대한 역사를 이룬다.

겐그레아 교회의 일꾼(봉사자)이요, 우리의 자매인 뵈뵈를 여러
분에게 추천합니다. 여러분은 성도의 합당한 예절로 주님 안에
서 그를 영접하고, 그가 여러분에게 어떤 도움을 원하든지 도와
주시기 바랍니다. 그는 많은 사람을 도와주었고, 나도 그에게
신세를 많이 졌습니다.(롬 16:1-2)

겐그레아는 고린도의 항구이다. 뵈뵈는 바울이 말썽 많은 고린도
사람들의 문제들을 처리할 때에 바울 편에 섰다. 이 번잡한 항구 도
시에서 그녀가 맡은 역할은 중대했다. 여기에서 그녀는 (봉사자로
서, *diakonos*) 뛰어나게 유능했으며, (**보호자**로서, *prostates*) 바울과
"많은 사람들"을 옹호해줄 수 있었다. 이것은 그녀가 로마에서 중요
한 일을 수행하게 되기 전에는 그 영역을 떠나지 않으리라는 것을

말한다.

그녀는 자신의 어떤 용무 때문에 거기에 갔을까? 바울은 그저 이 우연한 기회를 이용해 그녀 편에 편지를 전달했을 따름일까? 이러한 생각은 그 많은 바울의 동료들이 로마에 모였던 사실과 동떨어진 것이다. 바울이 아직 보지 못한 도시에, 문안 인사를 보낼 정도의 유대감이 있는 사람들이 그렇게 많이 있었다는 것은 늘 많은 이들을 곤혹에 빠뜨렸다 — 스물다섯 명의 형제자매 이름이 그의 서신 끝 부분에 언급되어 있다.

이들은 우연히 알고 지내는 사람들이 아니다. 그들 가운데 두 사람은 바울처럼 사도이다. 세 사람은 바울과 더불어 "그리스도 안에서 동료 일꾼들"이다. 네 사람(모두 여자들)은 주님을 위하여 "많은 수고를 한 일꾼들"이다. 두 사람은 바울과 함께 투옥되었고, 한 사람은 그의 보호자이다. 한 사람은 바울이 "또한 나의 어머니"라고 부른 사람이다.

두 사람은 사랑하는 친구들이다. 이들 중 한 명은 "아시아에서 그리스도를 위하여 맺은 첫 열매"였다. 또 한 명(아벨레)은 "그리스도 안에서 검증받은" 사람이었다. 또 다른 한 사람 (루포)은 "주님의 택하심을 받은 사람"이었다. 이들은 최상의 단짝으로, 효과 면에서 바울의 일꾼으로 가능한 가장 좋은 모형이었다. 이들은 자유로운 몸이어서 바울이 로마에 도착했을 때 그와 합류할 수 있었다.

이러한 집합체가 단지 우연한 모임일 수 없다는 학자들의 생각은 맞다. 그러나 그들 가운데는 틀린 결론을 내리는 사람들이 있다. 그들은 바울이 그 명단에 로마뿐 아니라 다른 곳(에베소는 제일가는 경쟁지다)에도 보내는 문안 인사를 포함한 것이라고 생각한다. 그러나 바울이 웅대한 기획을 수행하기 위해 이 사람들을 집합시켰다고 생각할 수 있는 충분한 이유가 있다. 이 기획의 규모는 그것을 공포하는 편지의 길이와 포부 — 복음을 스페인에 전파하려는 그의 계획(롬 15:20-24) — 에 암시되어 있다.

바울의 경영은 이제 일정한 경지에 도달했는데, 여기서 그는 많은 조력자들의 자원, 기술, 헌신을 조정하여 새로운 하나의 광대한 지역으로 몰아갈 수 있었다. 이 지역은 로마 제국 내에서 대단히 중요한 지역이지만 "그리스도의 이름이 아직 알려지지 아니한 곳"이었다(롬 15:20).

로마 시는 이 거대한 시도를 전개할 발판이 되어야 했다. 바울은 예루살렘과 자신 사이에 놓인 장벽을 손질하여, 바야흐로 그가 개시하려는 새로운 전선에 대한 반대나 간섭들을 예상해서 예방하는 동안 로마에서 지지를 얻으려고 한다. 바울은 로마서에서 하나의 논쟁을 이용했다. 그것은 **안디옥 충돌 사건** 때에 그가 예루살렘을 겨냥해서 사용한 거친 수사학을 다시 새롭게 한 것이다.

바울의 교회들이 가난한 성도들을 위하여 모은 헌금을 들려서 대표자들을 파송할 때에, 바울은 로마 사람들이 자기를 지지할 것이라고 의심 없이 기대한다. 그는 또한 바로 이 서신의 복사본들을 유대 지방에 보내 돌려 읽게 할 것이었다. 이러한 서신의 유통은 중개자를 시켜서 하기도 하고 종국에는 자신이 직접 할 것이다. 로마 시는 바울에게 지렛대의 받침과 같은 것이다. 그는 이 받침대 위에서 동쪽으로는 예루살렘을 향하고 서쪽으로는 스페인을 향하여, 실질적으로 '전 세계적인' 범위를 놓고 그 평형을 잡을 것이다.

바울이 예루살렘에 올라가서 지지를 공고히 하는 동안, 뵈뵈와 브리스길라와 그녀의 남편은 로마에서 여기에 모인 바울의 다른 동료들과 함께 이 새로운 선교전략을 위한 요원들을 조직할 것이다. 이 모든 것이 바울의 선교활동의 정점이 될 것이다 — 이것이 바울의 동쪽 여행의 나쁜 결과로 인해 비극적으로 단절된 선교전략이다.

❖ 여자 예언자들

뵈뵈는 고린도에서 바울을 지원한 이들 가운데 뵈뵈가 유일한 여자는 아니었다. 바울은 거기에서 일어난 분쟁에 대한 보고를 '글로에 집Chole's establishment의 심부름꾼들'에게서 들었다 — 문자적으로는, '글로에의 그들'(고전 1:11)로 표현되어 있다. 글로에 자신이 보고를 한 것이 아니기 때문에 그녀가 고린도에 어떤 영업소를 두었거나 가족을 두었다고 추측할 수 있는데, 노예나 일꾼들이 그녀나 그녀의 다른 자회사 사이를 왕래하고 있었다고 하겠다.

글로에는 아마도 유복한 과부였을 것이다. 그녀는 누가가 언급하는 또 다른 여성 사업가인 루디아와 같았다. 루디아는 값비싼 자색 물감 장수였는데(행 16:14), 빌립보에 있는 그녀의 집에서 예배 모임을 가졌다(행 16:40).

글로에의 집 사람들이 보고해준 분쟁들은 깊고 복잡한 것이었다. 이 분쟁들은 예언에 대해 말할 충분한 기회를 주었다. 예언의 은사는 바울이 사도직의 은사 바로 다음에 열거한 것이었다. 예언은 이제 통속적으로 미래에 대한 예보를 의미하는 것이 되었다. 그러나 유대의 예언자들은 영감을 받은 사람들로, 하나님의 길에서 벗어난 자들의 고발자, 개혁자, 정화자들이었다.

고린도 교회의 잘못은 그들의 비방자가 있었다는 것인데 **예언자들의 몇 명은 여자들이었다**. 바울은 편지에 쓰기를 그곳의 예배 모임에서 여자는 "머리에 무엇을 쓰지 않은 채로 기도하거나 예언해서는 안 된다"고 했다(고전 11:5). 바울은 예배 모임에 입고 올 옷을 놓고 일어난 싸움을 말하고 있다. 그러나 우리가 주의 깊게 봐야 할 중요한 점은, 맨머리든 아니든, 그 예배 모임에서 여자들이 예언자라는 사실을 당연하게 받아들였다는 것이다. 바울은 남자들이 기도하거나 예언할 때에는 머리에 무엇을 써서는 안 된다고 똑같이 엄격하게 말했다.

이런 씁쓸한 문제가 생긴 것은 그 당시의 풍습 때문이었다. 우리가 그 당시의 풍습이 시작되었던 지역에 대해 알지 못하기 때문에 이 문제가 얼마나 심각한 것이었는지, 또는 이 문제가 무엇을 의미하는 것이었는지 말할 수 없다 ─ 명백한 것은 오만한 성령파가 과감한 혁신책을 도입하고 있었다는 것이다.

어쨌든 바울은 확실하게 그들을 고의적으로 말썽을 일으키는 자들이라고 생각했으며, 외부인들에게 공연히 조롱을 당하게 하는 원인이라고 생각했다. 바울은 머리쓰개는 "천사들 때문에 여자에게 주는 권위의 표시"(고전 11:10)라고 했다 ─ 천사들은 하나님 앞에서 그들의 얼굴을 가린다(사 6:2).

바울은 단지 사회적 실천이 문제가 된 상황을 판결하고 있지만, 신학적 근거에 입각해 자신의 논리를 공고히 한다. 남자는 하나님의 직접적 형상이기 때문에 머리에 무엇을 쓰지 않고도 다닐 수 있다. 그런데 여자는 하나님의 형상 ─ 남자 ─ 의 형상이고, 남자 다음에 창조되었으며 남자의 조력자가 되도록 예정되었다(고전 11:7-9). 남자가 이러한 문화, 즉 유대 사회와 로마 사회의 가부장적 문화 속에서, 성차별주의의 갖가지 찌꺼기들을 버린다는 것은 불가능한 일이었다.

그러나 중요한 것은 바울이 자기와 함께 일하는 여자들에게 사도,

예언자, 봉사자(*diakonoi*)라는 여러 유형의 영예를 부여했다는 사실이다. 그 여자들은 그가 관여하는 공동체들 속에서 혹은 그녀들을 위해 제시하는 이상 사회에서 2등 시민이 아니다.

만일 그렇다면 바울은 어떻게 '여성 혐오'의 명성을 갖게 되었을까? 그것은 주로 그의 모방자들과 그의 글을 고쳐 쓴 자들 때문이다. 바울 서신으로 여겨지는 것들은 1세기 말경에 씌어졌는데, 이들은 초기의 급진적 평등주의를 감소시키고 있는 교회의 모습을 반영하고 있다. 교회에 남성 임원들이 출현하면서 — 결혼한 감독들(*epis-kopoi*)과 집사들(*diakonoi*) — 가부장제가 다시 덧입혀지고 있다(딤전 3:1-7). 디모데전서는 여자들에게 입을 다물라고 말하는 데 특히 퉁명스럽다: "여자는 조용히, 언제나 순종하는 가운데 배워야 합니다. 여자가 가르치거나 자기 남편을 지배하는 것을 나는 허락하지 않습니다. 여자는 조용해야 합니다"(딤전 2:11-12).

그러나 여기에 강력한 반론이 제기될 수 있다. 보편적으로 바울의 진정 서신이라고 인정받는 한 서신에서, 바울 역시도 여자들에게 입을 다물라고 말한다:

여자들은 교회에서는 잠자코 있어야 합니다. 여자에게는 말하는 것이 허락되어 있지 않습니다. 율법에서도 말한 대로 여자들은 복종해야 합니다. 배우고 싶은 것이 있으면, 집에서 자기 남

편에게 물으십시오. 여자가 교회에서 말하는 것은, 자기에게 부끄러운 일입니다.(고전 14:34-35)

바로 이 편지에서 일찍이 바울은 여자들이 말하거나 예언을 할 때는 머리를 가리라고 했다. 바울은 스스로 모순을 범하고 있다고 비난받을 수 있다. 하지만 한 문서에 한정해서 그렇게 심하게 비난을 받을 수는 없다. 이것 때문에 아주 많은 학자들이 이 구절을 후대에 삽입된 것으로 판정하게 되었다. 즉 이 구절은 디모데서의 정책이 채택되었을 때에 첨가된 구절이라는 것이다. 가짜 바울이 진짜 바울을 밀치고 들어온 것이다.

✢ "나처럼"

어떤 이들은 결혼을 반대한다는 이유로 바울에게 여성 혐오의 혐의를 둘 것이다. 바울은 결혼하지 않은 사람들은 "나처럼" 결혼하지 않은 채로 남아 있는 게 좋다고 말했다. 그리고 결혼한 사람들은 서로에게 관심을 쏟느라고 정신이 없어서 주님에 대한 관심이 말라버린다고 했다(고전 7:32-34).

그렇다면 바울은 결혼하지 않았을까? 오코너 Jerome Murphy-

제5장 | 바울과 여인들 151

O'Connor와 피츠마이어Joseph Fitzmyer와 같은 가톨릭 신학자들조차도 바울이 결혼하지 않았다는 것은 거의 있을 수 없는 일이라고 생각한다. 2세기에 알렉산드리아의 클레멘트는 바울이 결혼은 했으나 자기 아내와 떨어져 살았다고 생각했다. 그리고 초기 학자들은 이 견해를 수용했다. [5)]

부활하신 주님이 그에게 나타나기 전에 바울은 성인이 되어 있었던 게 확실하다. 그런데 바리새인은 누구나 결혼할 의무가 있었다. 그가 글을 쓸 당시에는 더 이상 혼인 상태를 유지하고 있는 상황이 아니라 하더라도, 20대에는 결혼한 상태에 있었을 것이다. 그의 아내는 죽었거나, 그를 떠났거나, 유대 법대로 돌려보냈을 것이다. 새 공동체들 안에서도 바울은 믿지 않는 배우자가 종교에 반대를 한다면 그 배우자와 헤어져도 된다고 했다(고전 7:15).

물론 바울은 결혼을 반대하는 주장을 요구사항으로 정할 수는 없었다. 왜냐하면 베드로와 주님의 형제들이 아내와 함께 다녔기 때문이다(고전 9:5). 그리스도인 사회에서 결혼은 정상적인 삶의 방식이다. 그것은 사도들에게도 해당된다. 디모데와 디도에게 보내는 후대의 서신에서 결혼은 '감독들'과 '장로들'에게 흔히 있는 일이었다(딤전 3:2, 딛 1:6). 따라서 바울은 단지 자신이 좋다고 생각하는 것을 권유할 수 있을 뿐이다. 그는 이것이 주님으로부터 받은 가르침은 아니라는 것을 반복해서 강조한다.

그러나 내가 이것을 말하는 것은 그렇게 해도 좋다는 뜻으로 말하는 것이지, 명령으로 말하는 것은 아닙니다. 나는 모든 사람이 다 나와 같이 되기를 바랍니다. 그러나 각 사람은 하나님께로부터 받은 은사가 있어서, 이 사람은 이러하고 저 사람은 저러합니다.(고전 7:6-7)

이것은 나의 말이요, 주님의 말씀은 아닙니다.(고전 7:12)

주님께서 처녀들에 대해서 하신 명령을, 나로서는 받은 것이 없습니다. 그러나 주님의 자비하심을 힘입어 믿을 만한 사람이 된 사람으로서, 의견을 제시합니다.(고전 7:25)

지금 닥쳐오는 재난 때문에, 사람이 현재 상태로 [결혼을 파기하거나 결혼을 기도하거나 하지 않고] 살아가는 것이 좋다고, 나는 생각합니다.(고전 7:26)

내가 이것을 말하는 것은 여러분을 유익하게 하려고 그러는 것이지, 여러분에게 올가미를 씌우려고 그러는 것이 아닙니다.(고전 7:35)

이것은 그저 나의 의견입니다. 그렇지만 나도 역시 하나님의 영을 받았다고 생각합니다.(고전 7:40)

바울은 독신에 대해 주님께 받은 지시가 없다고 말한다. 그는 "하늘나라를 위해 고자가 된" 사람들에 대한 주님의 말씀을 알지 못하거나 그것을 주님의 지시로 여기지 않는다. 복음서에서 예수께서 하시는 모든 말씀은 "이 말을 받아들일(*chorein*) 수 있는 사람은 받아들여라"(마 19:12)이다.

거세하라는 바울의 한마디 말은 할례 열광주의자들에 대한 냉소적 대응이다. 바울은 만일 그들이 할례에 대해 그렇게 열성이라면, 그들은 끝 껍질만을 잘라낼 것이 아니라 그 지체 전체를 잘라버려야 할 것이라고 말했다(갈 5:12).

바울의 결혼 반대는 여성 혐오적인 것이 아니라 종말론적이다. 그는 남자가 결혼하는 것도 반대하고 여자가 결혼하는 것도 반대한다. 그렇다고 그를 인간 혐오자라고 할 수 있는 없다. 그의 입장은 일반적인 사회의 일부분을 수동적으로 수용하는 것이다. 그는 노예들은 자유를 얻을 수 있는 기회가 생기면 받아들여야겠지만 자유를 얻어내려고 선동할 것까지는 없다고 말했다(고전 7:20-21). "사람은 각각 부르심을 받은 그때의 처지에 그대로 있으십시오"(고전 7:24).

그는 정치적 선동이나 개혁에 같은 태도로 반대한다(롬 13:1-7). 역사가 그 종국에 도달함에 따라 복음을 전파하는 것이 너무나 긴급한 의무이므로, 다른 것들은 그 하나의 관심사로부터 마음이 흩어지게 하는 것이 된다. 바울은 자신의 소명을 이행하면서 로마 당국에게 많은 곤란을 당했다. 그는 어느 다른 관심사에 말려들기를 원하지 않았다.

> 형제자매 여러분, 내가 여러분에게 말하려는 것은 이것입니다. 때가 얼마 남지 않았으니, 이제부터는 아내 있는 사람은 없는 것처럼 하고, 우는 사람은 울지 않는 사람처럼 하고, 기쁜 사람은 기쁘지 않은 사람처럼 하고, 무엇을 산 사람은 그것을 가지고 있지 않은 사람처럼 하고, 세상을 이용하는 사람은 그렇게 하지 않는 사람처럼 하도록 하십시오. 이 세상의 형체는 사라집니다. (고전 7:29–31)

이러한 종말론적 맥락에서, 바울이 결혼을 바람직하다고 생각할 수 있는 조건은 단 한 가지였다 — 만일 어떤 사람이 욕정의 불길에 사로잡힌다면 그것은 그 자체로 복음 사역에서 마음이 흩뜨려지는 것이다: "욕정에 불타는 것보다는 결혼하는 편이 낫습니다"(고전 7:9).

그 어디서도 바울은 결혼을 자녀 출산과 관련시키지 않는다. 역사가 끝나고 있기 때문에, 자녀를 낳는 것은 더 이상 바울의 관심사가 아니었다. 자녀에 대한 바울의 유일한 언급은 거룩한 부모의 아이는, 비록 부모 중 한쪽이 비신자라 하더라도, 거룩하다고 할 수 있다(고전 7:14)는 것이다.

바울 사상의 골격은 바울 서신으로 가상되고 있는 디모데전후서와 디도서에서 바울의 사상으로 이야기되는 것들과는 거리가 멀다. 이른바 이 목회서신에서 감독의 자녀 훈육 문제가 거론되었다(딤전 3:4-5, 딛 1:6).

바울은 자신이 미혼을 선호함에도 불구하고, 결혼한 사람이 주님께 집중적으로 헌신할 수 있다고 증거한다. 브리스길라는 그와 함께 감옥에 가기도 했다. 로마서에서 바울은 주님을 위해 "열심히 일한" 기혼자 네 사람의 이름을 든다. 빌립보서에서는 바울은 유오디아와 순두게라는 두 사람의 이름을 첨가하면서 이 여자는 "나와 함께 애쓴 사람들"이라고 말했다(빌 4:2-3). 뵈뵈는 그의 원조자이다. 다른 한 자매는 그의 어머니 같은 사람이다. 글로에 집 사람들은 정보를 제공해주는 통로 역할을 했다.

스페인 선교활동을 위해 로마 시에 집합한 바울의 최상급 선교단에는 네 사람의 여자가 포함되어 있는데, 그들 중 적어도 세 사람은 기혼자이다. 바울은 한 여성 사도(*apostolos*)와 한 여성 집사(*diakonos*)와 여성 예언자들을 알고 있다. 그는 빌립보에 두 여성 지도자인 유오디아와 순두게를 알고 있었는데, 이 두 사람이 경쟁 관계가 되자 바울은 빌립보 사람들에게 그들이 화해하도록(그들을 비난한 것이 아니다) 도우라고 간청했다(빌 4:2-3). 후대에 생긴 그리스도 교회의 여성 혐오사상은 바울의 정신이 지속되었더라면 결코 생겨나지 않았을 것이다.

∥ 주 ∥

1) 첫째 대칭은 "유대 사람 또는 그리스 사람도", 둘째 대칭은 "종 또는 자유인도"이다. 첫째와 둘째 대칭은 "또는(or)"이라는 접속사로 연결되었는데 이와 달리 셋째 대칭은 "와(and)"라는 접속사로 연결되었다.

2)* Wayne Meeks, *The First Urban Christians: The Social World of the Apostle Paul*, second edition (Yale University Pres, 2003), p. 132.

3) 장모음 또는 이중 모음에 붙이는 강세 기호이다.

4)* Wayne Meeks, *The First Urban Christians: The Social World of the Apostle Paul*, second edition (Yale University Pres, 2003), pp. 20, 59.

5)* Eusebius, *History of the Church* 3.39.1.

제6장

바울과 문제투성이 공동체들

바울이 쓴 것으로 인정되는 일곱 서신 가운데서 여섯 편은 특수한 문젯거리에 휘말려 있는 공동체에 보낸 것이다. 존 게이저John Gager 는 이러한 상황을 다음과 같이 설명했다: "바울이 현존하는 그의 모든 서신들을 쓴 정황은, 현대적 용어로 표현하면 피해 대책이라고 불러야 할 그런 것이다."[1]

어떤 이들은 바울의 마지막 서신인 로마서는 이러한 정황에서 예외적인 사례라고 생각하며, 또 어떤 이들은 최소한 맨 처음 서신인 데살로니가전서는 부분적인 예외에 속한다고 생각한다. 그러나 그 두 서신도 역시 동일한 법칙에 맞추어져 있다고 생각할 이유가 충분히 있다. 이 책에서는 바울 서신들을 추정되는 연대순으로 다룰 것이다.

✜ 데살로니가전서

이것은 북부 그리스(마케도니아)의 수도 데살로니가에 보낸 것이다. 사도행전에서 누가가 이 상황을 어떻게 서술했는지는 이미 말했다. 여기서 누가가 암시하는 것은 바울이 몇 주일만에 이 공동체에서 도망쳤다는 것과 유대 사람들의 적개심 때문에 떠나야만 했다는 것을 인정하고 있다는 사실이다.

이 서신에서 바울은 이 공동체가 "환난"(thlipsis)(살전 1:6)을 당하고 있다고 말한다. 이것이 혹독한 박해를 뜻하는지, 아니면 단지 새로운 신앙을 갖기 위해 가족과 친구들을 버린 사람들이 겪게 되는 어려움을 뜻하는 것인지를 두고 의견이 엇갈린다.

만일 바울이 추방을 당했다면, 그가 남겨두고 온 공동체는 왜 평화롭게 있었는가? 이 밖에도, 데살로니가 사람들은 바울이 그곳에 온 이후에 죽은 사람들이 주님이 오시는 날(Parousia)에 구원받을 사람들의 무리에서 제외될 것이라는 문제를 놓고 당황하고 있었다. 박해 없이 그렇게 많은 사람이 그렇게 빨리 죽을 수 있었을까?

그러나 만일 그런 박해가 일어났었다면, 바울이 그것을 하나의 일반화된 "환난"이라는 개념으로 막연하게 언급하고자 했을까? 그들의 영향력이 그리스의 두 지역인 마케도니아와 아가야에 이른 것을 보면, 그 공동체는 번창하고 있었던 것 같다(살전 1:7-8). 게다가 바울은 데살로니가로 돌아가고 싶었으나 방해에 대한 두려움 외에 다른 일로 그러지 못했다고 말한다. 그리고 그는 안전에 대한 말도 없이 디모데를 그곳으로 보낸다. 바울이 데살로니가 사람들의 영향력에 대해 듣고 말하는 것으로 미루어볼 때 그는 그곳과 교신하고 있었고, 연락이 두절되었거나 그들의 운명을 염려하지 않았던 것은 아니라는 것을 알 수 있다.

그래도 바울은 디모데를 그들에게 돌려보내야 할 필요를 느낀다. 자기에게 디모데의 도움이 요긴함에도 불구하고 말이다. 바울이 디모데에게 준 사명은 자신의 문안 인사를 전달하는 것 이상인 것이 확실하다. 데살로니가전서는 디모데가 돌아와서 바울에게 활기를 얻게 한 보고에 답해서 씌어진 것이다. 그러나 이 서신에 들어 있는 몇몇 강조점들은 여기에서 민감한 문제들을 다루고 있다는 것을 보여준다.

바울은 왜 자기와 동료들이 데살로니가에 있을 때에 힘든 노동을 했다는 사실을 그렇게 부각시켜서 강조하는가(살전 2:9)? 바울은 데살로니가에 있는 동안 빌립보로부터 원조를 받았다. 고린도와 로마에서는 공동체 내의 경제적 분열이 긴장을 일으켰다.

데살로니가전서에서 바울은 그 공동체의 지도자들이 노동자 계급이나 가난한 형제자매들과 자신들을 분리시키는 것처럼 보이는 것에 두려움을 암시한다. 바울이 회중들에게 그러한 사람들을 존중하라고

종용할 때 그는 아마도 재치 있게 그 지도자들을 훈계하는 것일 것이다:

"형제자매 여러분, 우리는 여러분에게 부탁합니다. 여러분 가운데서 수고하며, 주님 안에서 여러분을 지도하고 훈계하는 이들을 알아보십시오. 그들이 하는 일을 생각해서 사랑으로 그들을 극진히 존경하십시오"(살전 5:12–13).

데살로니가의 영향력이 퍼졌다면, 그것은 그 지도자들의 노력을 통해서였을 것이다. 그러나 바울은 자기가 남을 위하여 "밤낮으로" 일함으로써 존경을 얻은 것처럼, 그들도 열심히 일함으로써 자신들의 존경을 얻으라고 일깨운다.

이 서신에서 주목해야 할 또 다른 한 가지는 앞에서 언급한 적이 있는데, 신약성서에서 종말의 때를 최초로 다뤘다는 것이다. 표면에 나타나 있는 관심은 사람들이 죽은 이들의 운명을 염려하고 있는 것이다. 이것은 반드시 바울이 떠난 후로 많은 사람들이 실제로 죽었다는 것을 의미하는 건 아니다.

논의된 쟁점은 분명히 미래를 전망하면서 생긴 것이다. 바울이 관심하는 것은 서로 다른 견해들이 제시되고 있다는 사실이다(이 현상은 다시금 지도자들의 신뢰성을 감소시키는 것이다). 이것이 바울이 가장 강력한 무기 — 주님의 말씀(살전 4:15) — 를 끌어들이는 이유이다. 그는 단지 실존적인 두려움만이 아니라 교리의 명확성 문제를 말하고 있는 것이다. 그렇다면 이러한 '목회적' 서신도 충분히 실제 논쟁에서 촉발되었다고 할 수 있다.

✤ 갈라디아서

바울로 하여금 가장 논쟁적인 편지를 쓰게 만든 문젯거리가 있었다는 점에 대해서는 의심의 여지가 없다. 그것은 할례 받은 신도들과 할례 받지 않은 신도들 사이의 갈등이다. 이 문제 때문에 바울은 가장 신랄한 말을 하게 된다. 그것은 현재의 반대자들만을 겨냥한 것이 아니라 전에 안디옥 충돌 사건에서의 베드로와 야고보를 겨냥한 것이다.

이 서신은 성 제롬St. Jerome을 당혹스럽게 했다. 또한 종교개혁 시대에 상호 중상의 모형 혹은 변명거리가 되었다. 이 서신이 탄압받지 않았다는 것은 그리스도교에 대한 초기 기록들의 진실성을 증명하는 것이다. 이 다음에 쓴 바울의 서신들에는 그가 여기서 사용한 신랄한 표현을 후회하고 있다는 것이 나타난다. 다른 이들에게 온유한 심정으로 서로를 바로잡아주라고 한 충고를 그 자신은 지키지 않았다. 그는 평화스러운 로마서에서는 전적으로 다른 접근 방법을 택했다.

물론 우리는 (바울의 반대편인) 상대 쪽에 대해서는 알지 못한다.

그쪽도 똑같이 과격했을지도 모른다. 바울은 모욕은 모욕으로 대응하고 불에는 불로 맞서 싸웠을 것이다. 갈라디아서는 단일한 도시가 아니라 한 지역에 보낸 단 하나의 서신이다. 할례 주장자들은 바울에 대항하여 여러 소도시에서 한꺼번에 공격적 전투를 벌였을 것이다. 그래서 바울은 자신의 서신 사본을 각 도시에 보냈다.

그는 갈라디아 사람들이 선동자들에게 홀렸다고 말했다(3:1). 그들은 서로 물어뜯으며 갈기갈기 갈라져 있었다(5:15). 이 긴 열변을 받아쓰게 한 다음 바울은 손수 펜을 잡아 마지막 문단을 썼다: "보십시오. 내가 여러분에게 직접 이렇게 큰 글자로 적습니다"(6:11). 그 편지 전체는 가슴에서 우러나오는 외침이다: "이제라도 내가 여러분을 만나 어조를 부드럽게 바꾸어서 말할 수 있으면 좋겠습니다. 나는 여러분의 일을 어떻게 하면 좋을지 당황하고 있습니다"(4:20).

그는 마치 출산의 고통을 새로이 겪듯이 괴로워했다(5:12). 그는 상처를 받았다. 그래서 남에게 상처를 입히려 한다 — 그는 심지어 그들에게 스스로 거세해버리라는 말까지 한다(5:12) — 레이먼드 브라운Raymond Brown은 바울이 이런 말을 받아쓰게 했을 때 필경사가 그대로 받아 적기를 주저하지 않았을까 궁금해한다.

✣ 빌립보서

그리스 북부 지방에 있는 빌립보는 바울이 도착한 최초의 유럽 도시였다. 그는 약간 불안한 마음으로 이 새로운 영역에 들어갔을 것이다. 그래서 그는 그곳 사람들이 베풀어준 따뜻한 환대를 회상하면서 자부심과 기쁨을 느낀다. 그는 그들을 일컬어 "나의 기쁨, 나의 면류관"이라 한다(4:1).

이제 그는 (아마도 에베소에 있는) 감옥에서 편지를 쓴다. 그는 자신이 초기에 지원했던 사람들에게로 돌아가기를 소망한다. 그들은 에바브로디도라는 대표를 보내 바울을 격려했다. 그러나 그들은 에바브로디도가 앓아누웠다는 소식을 듣고 당황했다. 그래서 바울은 에바브로디도를 회복시켜 그들에게 돌려보낸다(2:25-30).

바울은 자기가 감옥에 갇혔음에도 불구하고 복음이 여전히 전파되고 있는 것을 보고 기뻐했다. 그러면서도 자신이 감옥에 갇힌 것을 분열의 기회로 이용하는 사람들이 있다는 것을 유감스럽게 생각했다. 아마도 그들은 유대 사람들과 함께 일을 꾸몄을 것이다. 유대 사람들은 바울을 로마인들에게 넘겨주었다고 비난을 받고 있었다(1:15-18). 그런데 바울은 할례주의자들이 그런 사람들 가운데서도 활동하고 있는 것을 우려했다 — 그는 이 할례주의자들을 '개들'이라고 부른다(3:2).

그 공동체에는 분열이 있는데 그것은 그의 옛 '전우들'인 유오디아와 순두게를 갈라놓기까지 했다(4:2). 이 내분을 해결하기 위해 바울은 그들과 함께 공유했던 그 위대한 찬가를 인용하는데, 그것은 예수의 스스로 비우심을 기리는 노랫말이다(2:6-12).

✣ 빌레몬서

바울은 심지어 감옥에서도 필경사의 도움을 받았다. 바울이 현재 보존되어 있는 것들보다 더 많은 편지를 썼다는 것은 의심의 여지가 없다. 이렇게 많은 편지를 쓰기 위해 바울은 필경사의 도움이 필요했다. 그는 또한 개인들에게도 많은 편지를 썼을 것이다. 빌레몬서가 개인에게 보낸 편지로는 유일하게 보존된 것이기는 하지만 말이다.

이 편지가 보존된 이유는 이것이 그리스도인들에게 잘 알려진 어떤 인물을 도와준 것이기 때문일 것이다. 이 사람은 바울에게 도움을 준 것으로 유명해졌다. 이 편지를 쓰게 된 것은 전체 공동체에 일어난 문제 때문이 아니라, 집에서 예배 모임을 여는 한 사람에게 생긴 문제 때문이다(몬 2).

빌레몬의 노예들 중 한 명이 잘못을 저질렀다. 그는 바울을 찾아가서 자기의 주인과 자기를 화해시키는 중재자가 되어달라고 청했다

(이것은 로마법의 일반적인 절차였다). 오네시모라는 그 노예는 바울에게 왕래하는 동안 그에게 어떤 봉사를 했다. 아마도 바로 이 편지를 받아 적는 봉사를 했을 것이다. 그는 이 편지를 자신의 주인에게 가져왔다.

로마의 노예들 중에는 좋은 교육을 받은 그리스인들이 있었는데 이들은 서기로, 가정교사로, 또는 관료로 활동했다. 오네시모는 그리스 노예의 흔한 이름으로, '유용한'이라는 의미이다. 바울은 그 이름의 의미를 두고 말놀이를 한다. 바울은 빌레몬에게 전에는 그의 노예가 자기에게 쓸모없는(*achrēstos*) 사람이었으나 이제는 자기들(=빌레몬과 바울) 두 사람에게 다 쓸모 있는(*euchrēstos*) 사람이 되었다고 말했다(몬 11).

바울은 이 노예에게 특별한 은총을 베풀라고 요청한다. 노예들에 대한 일반적인 정책을 말하는 것이 아니며, 빌레몬에게 그에 속한 다른 노예들을 해방시키라고 요구하고 있는 것도 아니다. 바울 시대에 노예들은 도시 인구의 4분의 1에서 3분의 1 정도의 큰 비율을 차지한 것으로 추산된다 ― 이러한 규모에서 그는 노예해방이라는 엄청난 사회적 붕괴를 위해 일할 준비가 되어 있지 않았다. 바울이 노예들에게 자신들의 처지를 받아들이라고(고전 7:20-21) 충고한 것으로 보아, 그리스도인들의 공동체들 속에는 노예들이 있었다.

그는 가족들(*oikoi*) 전체를 함께 신앙으로 끌어들였다(고전 1:16).

166

'집'(*oikos*)은 노예들을 포함해 집 울타리 안에 있는 모든 사람들로 이루어진 확대된 '가족'을 의미했다. "글로에의 집 사람들"이라는 용어는 아마도 노예들을 의미했을 것이다. 브리스길라와 아굴라의 천막 제작소에 노예들이 있었듯이 말이다.

그러나 빌레몬의 가솔 중 하나였던 오네시모는 신앙으로 인도되지 않았다 — 바울은 오네시모가 자기와 함께 지내면서 신자가 되었다고 말한다(몬 16). 오네시모가 빌레몬의 가족(*oikos*)과 함께 세례를 받지 않았다는 사실은 놀랄 만한 일인지도 모른다. 빌레몬의 집은 복음 전파의 중심부로 중요하게 사용되고 있었기 때문이다.

바울은 믿음 안에서 맺은 '동역자'로서 빌레몬에게 문안한다. 빌레몬의 아내 압비아에게는 자매로서, 그 가족의 다른 구성원인 아킵보에게는 "나와 함께 싸운 전우로서" 인사한다(몬 2).

이에 대해 납득할 수 있는 해명은, 교육받은 노예인 오네시모가 아마도 집을 멀리 떠나 다른 도시에서 주인의 재정적 업무를 맡아보고 있었다고 보는 것이다. 이러한 업무 때문에 그는 바울에게 가까이 다가갈 수 있었다. 바울이 빌레몬에게 쓴 편지를 보면 그 노예의 범죄가 재정적인 것이었다는 것이 암시되어 있다:

그러므로 그대가 나를 동지로 생각하면, 나를 맞이하듯이 그를 맞아주십시오. 그가 그대에게 잘못한 일이 있거나, 빚진 것이 있거든, 그것을 내 앞으로 달아놓아주십시오. 나 바울이 친필로 이것을 씁니다. 내가 그것을 갚아주겠습니다. 그대가 오늘의 그대가 된 것이 나에게 빚진 것이라는 사실을 나는 굳이 말하지 않겠습니다. 형제여, 나는 주님 안에서 그대의 호의를 바랍니다. 그리스도 안에서 나의 마음에 생기를 넣어주십시오.(몬 17-20)

이 편지에 관한 또 다른 곤혹스러움은 오네시모가 바울을 위해 여러 중요한 봉사를 할 시간이 있었다는 사실이다. 이 일로 그는 죄수인 바울에게 접근했고 바울은 그를 "내 존재의 일부분"이라고 부른다(문자적으로는 그의 "창자," *splagchna*)(몬 12). 그래서 그는 그 노예의 운명에 대해 고뇌한다(다시, 그의 "창자"에 대해)(몬 20). 만일 오네시모가 바울을 찾아가서 단지 그의 주인과 사이를 중재해줄 것을 요청했다면, 왜 바울은 그를 즉시 주인에게 돌려보내지 않았을까?

나는 다음과 같이 상상한다. 오네시모는 에베소에서 빌레몬을 위해 일하는 노예인데(에베소는 바울의 감옥이 있는 곳이다), 그 도시에서 업무를 보는 동안에 바울을 위해 봉사를 좀 하라는 지시를 받았을 것이다. 그런데 오네시모는 바울을 돕던 중에 때가 무르익어 복음을 받아들이게 되었고, 그때에서야 겨우 빌레몬을 속이고 있었다는 사실을 고백했다. 그러자 바울은 빌레몬과 화해하도록 그를 주인에

168

게 돌려보냈다. 그러면서 바울은 빌레몬이 노예에서 해방되어 자기에게 해주던 봉사를 계속해주기를 바랐다.

가장 그럴듯해 보이는 이런 이야기로 결말이 났다면, 바울과 오네시모의 지속된 연합 활동은 이 사건과 해결의 매개체였던 이 편지를 공동체들에 두루 유명하게 만들었을 것이고, 이 편지는 당연히 보존되었을 것이다. 이 간곡한 달변이 실패했더라면 이 편지가 보존될 가능성은 거의 없었을 것이다.

✤ 고린도서

바울이 편지를 쓴 공동체들 중에서 고린도 공동체가 가장 다루기 힘든 곳이었다. 고린도 공동체와 바울의 관계는 성가시고, 고통스럽고, 까다로운 것이었다. 바울은 고린도 사람들과 적어도 세 번 이상 함께 지냈다. 그가 가지 못할 때에는 자신의 조수들을 그들에게 보냈으며 그들의 대표단을 영접했다. 그리고 그들에게 적어도 다섯 통 이상의 편지를 보냈는데, 그 가운데서 세 개, 또는 네 개 혹은 다섯 개가 두 통으로 합쳐져 전해 내려왔으며, 그 안에는 서너 개의 편지 내용이 함께 중첩되어 있다.

고린도에서 파당이 생겨났다. 교리, 훈육, 환상, 계급, 성, 인품 등의 문제들이 있었고, 바울은 그곳에서 조롱을 당했다. 이에 바울은 격노했는데, 한 번은 상처를 주는 말을 담은 편지에서, 한 번은 눈물 어린 편지(이 편지는 분실된 것 같지만 현재 남아 있는 편지 안에 그 흔적을 남기고 있다)에서 분노의 감정을 드러냈다.

고린도 공동체는 유대 율법상 근친상간으로 여기는 결혼 문제 때문에 갈라졌다 — 신도들 중 한 사람이 과부가 된 자기 아버지의 둘째 아내(혈연적 친족이 아니고 새 남편과 같은 연령이거나 더 젊은 여자)와 결혼했다.

바울은 이런 일은 "심지어 이방인들에게도" 용납되지 못할 것이라고 주장했다(고전 5:1). 바울은 전체 회중이 연합한 권위로 그 사람을 공동체에서 추방하라고 했다. 그때에 자신은 영으로 그 자리에 있겠다고 했다. 그는 이 일을 심각하게 생각했다: "주 예수의 이름으로 여러분이 모여 있을 때에, 나의 영이 우리 주 예수의 권능과 더불어 여러분과 함께 있으니, 여러분은 그러한 자를 당장 사탄에게 넘겨주어서, 그 육체는 망하게 하고 그의 영은 주님의 날에 구원을 얻게 해야 할 것입니다"(고전 5:4-5).

세례를 받은 형제자매들은 "그리스도 안에서" 하나다. 그리스도 밖에 있다는 것은 사탄의 영역으로 되돌아가서 그의 파괴적인 손에 노출되어 있는 것이다. 그 사람은 또다시 죽어가는 육체의 법에 얽매었으나 그리스도가 오실 때까지는 돌아와서 그리스도 안에 있으려

170

노력할 것이다(바울은 이것을 말하는 것으로 보인다).

어떤 사람들은 이 일을 처리하는 바울의 방식이 다소 자의적이라고 생각했을 것이다. 그곳에서 다른 오해들이 연속적으로 발생했다는 것을 알 때까지 우리는 그것을 이해하는 데 어려움이 따른다.

고린도 공동체의 가장 큰 문젯거리는 일종의 초월적 영성 문제였던 것 같다. 유행을 좇는 설교자를 추구하는 뉴 에이지 운동원들처럼 어떤 사람들은 잔뜩 들뜬 상태로 '으스대면서', 최근에 나타난 지도자(예를 들면 아폴로나 베드로를 대변한다고 주장하는)가 바울보다 심령이 더 고결하다고 말했으며(고전 1:12, 3:22), 예언과 방언으로 말하는 은사를 받은 자신들은 보통 사람들보다 더 영에 가까이 가 있으며, 더 나은 형태의 세례를 알고 있다고 했다(고전 1:13-17).

바울은 그러한 태도를 가진 설교자들을 잘난 사도들 — 문자적으로는, "지나치게 뛰어난(*hyperlian*) 사도들"(고후 11:5, 12:11) — 이라 부른다. 그리고 그는 그러한 사람을 따르는 자들은 교만해졌다고 거듭해서 말한다(고전 4:18, 5:2, 8:1, 13:4). 스텐달Krister Stendhal은 그러한 잘난 사도들을 "번지르르한 관리인"이라 서술했다.[2] 그런 여자들이 예언하는 새로운 방식(머리수건 없이)은 "대담한" 것이었다. 바울은 영적 은사들을 깎아내리지 않고, 또한 자신도 그러한 것들을 체험했다고 말하면서, 이러한 것들이 전체 공동체의 유익을 위하여 주어졌다는 사실과, 사랑이 없으면 영성주의자들은 울리는 징(예언?) 또는 요란한 꽹과리(방언으로 말하는 것?)가 된다는 것을 상기시켰다.

공동체 내에서 잘났다고 우쭐대는 사람들을 비꼬는 말투로 "강한 사람들"이라 부르는 한편으로, 바울은 자신의 약함을 자랑한다(고전 2:1-5, 고후 12:7-10). 바울은 강한 편에 속하는 사람들이 더 우수한 통찰력을 가졌다는 사실을 알고 있을 것이다 — 예를 들면, 그들은 우상이 아무것도 아니라는 것을 알기 때문에, 우상에게 바친 고기를 먹을 수 있었다(고전 8:7-13, 10:25-27). 그러나 그는 하늘 높은 줄모르는 듯 우쭐대는 사람들에게 "약한 사람들"을 고려하라고 말한다. 약한 사람들은 그러한 음식에 아직 거리낌을 갖는 것이다(고전 8:7-13, 10:19-20, 29-33).

무엇보다도 바울이 강한 사람들에게 경고한 것은, 주님의 식탁에서 자기들끼리 몰려 앉아 더 좋은 음식들을 먹어대지 말라는 것이었다. 그러한 작태는 함께 먹음으로써 그리스도와의 연합이 실현된다는 성만찬의 핵심을 깨뜨리기 때문이다(고전 11:20-22).

그 당당한 사람들은 뒤에 성령주의자들이 했던 행동을 한 것처럼 보인다. 즉 그들은 보통 사람들을 규제하는 율법에 얽매이지 않고 처신했다. 이것이 그들의 구호 중 하나처럼 보이는 것을 바울이 비평한 이유다: "모든 것이 다 허용된다"(고전 6:12, 10:23). 이것이 "강한 사람들"이 주장하는 요점이었을 것이다. 이것을 근거로 그들은 일반 대중들은 근친상간으로 여긴다 해도, 혈연적 연관이 없는 자신의 계모와 결혼하는 것을 괜찮다고 했던 것이다. 이것이 그 잘난 사도들이 자신들의 영적 활동에 돈을 받는 것은 주님의 명령을 따르는 것이라고 한 이유이다(고전 9:14-18).

잘났다고 우쭐대는 사람들도 자기들이 이미 영광을 입은 몸의 영적 상태에 들어갔다고 생각한 것 같다. 그것이 바울이 다음과 같은 특이한 주장을 한 이유이다. 즉 그들이 지상의 도덕적 굴레에서 벗어나 그렇게 살 수 있기 전에 먼저 죽어야 한다는 것이다. 그때에서야 그들의 몸이 지금은 상상할 수 없을 정도로 완전히 달라질 것이라고 했다(고전 15:35-43).

우리가 고린도후서라고 부르는 문서 안에 여러 텍스트들을 꿰매어 수집할 때까지, 단순한 비난은 효력이 없다는 것을 바울은 깨달았을 것이다. 이제 그는 타협할 방법을 모색하고 있었다. 바울은 예루살렘 교회를 위한 모금과 안전에 관련해 바로 자신의 정직성이 의문시 되었을 때에 공동체들이 임명한 중립적인 감독자들을 끌어들였다(고후 8:18-22).

바울이 자신이 받은 영적 은사를 언급한 것은 다른 사람들 속에 있는 영적 은사들의 정당성을 승인하는 한 가지 방법이었다. 바울은 성령에 대해 새로운 주장을 하는 사람들과의 연대 조성을 위해 자서전적인 이야기로 넘어갔다. 고린도 사람들과의 다툼은 그로서는 괴로운 투쟁이었으며, 엉망으로 뒤섞인 채 남겨진 기록마저도 끈질기게 찾아내 읽도록 만드는 그런 투쟁이었다.

✤ 로마서

로마서는 남아 있는 진정한 바울 서신 가운데서 바울이 공동 발신인을 언급하지 않은 (뵈뵈의 편으로 그것을 발송하긴 하지만) 유일한 서신이다. 또 그가 보지 못한 곳에, 그리고 그가 그리스도인이 되기 전에 설립된 교회 공동체에 보낸 유일한 서신이다. 그러나 이것은 또한 가장 길고 가장 신학적 야심에 찬 작품이다.

어떤 이들은 바울이 로마 교회 공동체의 구체적인 문젯거리를 알지 못하는 상황이었기 때문에 좀 더 자유롭고 여유 있게 기본적 주제들을 설명할 수 있게 되었다고 말한다. 그렇지만 그것은 바울이 로마 공동체가 겪고 있던 골치 아픈 문젯거리들에 관해 보고 받았다는 사실을 경시하는 셈이 된다.

바울은 자신의 목적을 위해 그 말썽거리를 과장했을 수도 있다. 왜냐하면 그로 인해 나중에 그를 후회하게 만든 초기 입장을 바꾸어야 했기 때문이다. 그러나 더 중요한 것은, 로마서는 예루살렘의 형제들을 직접 대면하지도 않고, 애절하게 간청하지도 않으면서 그들에게 말하는 기회를 바울에게 주었다는 사실이다.

바울은 이 편지의 사본이 예루살렘에서 읽혀지기를 — 물론 다른 어느 곳에서든 — 바랐던 것이 분명하다. 몇 개의 사본은 자신이 가지고 갈 것이었다. 나머지 것들은 자신이 도착하기 이전에 로마에 있는 그의 짝이 유포하고, 로마의 형제자매들을 부추겨 예루살렘에 있는 그들의 친지와 동지들에게 발송하기를 바랐다.

바울에게 필경사가 필요했던 이유 가운데 하나는 그의 서신 사본을 대량으로 생산하는 것과 남들이 그 사본들을 본 떠서 만든 사본들을 점검하기 위해서였다. 인쇄술이 발명되기 이전에는, 저작자가 동일한 본문을 힘들게 여러 번 반복해서 베껴내는 작업을 통해서만 문서를 "발행했다."

로마서는 바울이 큰 노고를 치르고 생산한 작품이다. 로마서의 수사학은 매우 정교하게 만들어졌으며 그 논증은 치밀하고 정교하다. 로마서는 바울 사상의 평이한 요약이 아니라 그의 유대교적 과거와 상처받은 형제들과의 격렬한 교전이다. 로마서는 통렬한 비평의 특징인, 끝까지 물고 늘어지는 수사학적 물음들로 장식되어 있다. 로마서는 바울이 자신의 최후, 최대의 선교운동을 조심스럽게 시작하는 첫출발이다.

로마 공동체에 생긴 말썽거리는 그것을 겪는 사람들에게는 불행한 일이었다 하더라도, 바울에게 필요한 것에 꼭 들어맞는 것이었다. 그것은 안디옥에서 바울을 격노하게 한 것과 동일한 갈등이었다. 유대교의 음식 규례 문제로 공동체 내에 분열이 일어났던 것이다.

그런데 역학 관계가 바뀌었다. 안디옥에서는 '유대주의자들'[3]이 우세한 상황이었고 이방계 그리스도인들이 개혁자들이었는데, 이들은 예루살렘의 압력에 쉽사리 위협을 당했으며 수상쩍게 보였다. 바울은 그런 상황에서 절대주의자가 되었다. 그래서 베드로에게 음식 규례를 주장하는 것은 곧 그리스도의 자유를 무효화시키는 짓이라고 말했다. 바울은 그 점에서는 어떤 타협도 일종의 '위선'이라고 했다. 이러한 태도 때문에 한동안 자신의 동역자인 바나바를 잃기도 했으며, 안디옥에서 예루살렘을 위한 헌금 모금을 중단하게 되었다.

그러나 바울은 이제 로마 사람들에게 편지를 쓰면서 관용과 화해를 주장한다. 이것은 방금 말한 '역학 관계의 변화'를 부분적으로 반영한다. 로마에서는 이방계 그리스도인들이 우위에 서서 유대계 그리스도인들을 위협하고 있었다. 이러한 일이 가능하게 된 것은 다른 어느 곳에서도 일어나지 않았던, 유대인 삶의 사회적 연속성의 붕괴 때문이다. 이러한 붕괴는 글라디우스 황제가 야기한 것이다.

로마의 역사가 수에토니우스는 그의 저서 《글라디우스의 생애》에서 다음과 같이 기록했다: 황제는 "크레스투스Chrestus에게서 영향을 받아 잇달아 일어나는 소요 때문에 유대인들을 로마에서 추방했다." 이에 대해 수에토니우스가 **크리스투스**라는 칭호를 (이름으로) 오해했다는 것이 보편적인 생각이다. 고유명사로서 "크리스투스(*Christus*)"

는 로마인에게는 이상한 용어이다. 그래서 그는 그것을 그 당시에 흔한 이름인 "크레스투스(*Chrestus*)"에 동화시켰다("크레스투스"는 그리스어 *Khrēstos*에서 유래한 것인데 "가치 있는" 또는 "은혜로운"이라는 뜻이다).

다시 말해 서기 49년까지는 로마에 "크레스투스"와 관련된 어떤 문제를 두고 유대인 사회에 갈등을 일으킬 만큼 큰 그리스도인 공동체가 있었는데, 글라디우스 황제는 그 원인을 규명하거나 실제로 누가 개입되었는지를 분간하지 않고 그 문제를 한꺼번에 해결했다. 유대 사람들은 그리스도인이든 아니든 상관없이 로마에서 추방당했다.

일어난 일을 재구성하기는 쉽다. 왜냐하면 로마 제국의 곳곳에서 그와 동일한 사례들이 있었기 때문이다. 이를테면 바울과 여타 사람들을 로마 제국의 법정에 세운 사례들이 그런 경우다.

유대인들이 그리스도인들을 두려워하고 그들에게 분개한 데에는 충분한 이유가 있었다. 유대인들은 로마 당국과 조심스럽고 불안정한 협정을 이끌어냈다. 이 협정으로 유대인들은 분리주의적 삶의 방식, 상이한 공휴일, 이교의 축제 거부, 개인적인 음식 공급과 조리 등으로 인한 로마인들의 적개심에도 불구하고 용납되었고, 심지어 보호받기도 했다.

그리스도인들은 이 미묘한 상황을 교란시켰다. 그들은 율법에서 벗어남으로써 유대인 가족들을 분열시켰고 "경건한 사람들"(= *The-*

osebeis, 하나님께 예배를 드리는 사람들)을 유대인들로부터 유인해냈다. 이 이방인 친구들과 후원자들은 위험에 처해 있는 유대인 소수자들에게는 보호의 원천이며 정치적, 재정적 지원의 원천이었다. 유대인들의 입장에서는 그리스도인들이 자신들이 수년에 걸쳐 확보하고 확정해놓은 허가된 공간의 정당한 참여자가 아니라는 것을 천명할 필요가 있었다.

그들은 그리스도인들에 대해 동방에서 시작된 기묘하고 위협적인 "새로운" 종교 — 로마인들이 로마의 제사 의식을 파괴하고 위협한다고 여겼던 — 에 더 가까운 사람들이라고 말하려 했다. 그래서 유대인들은 친분을 쌓아 놓은 로마의 당국자들에게 그리스도인들로 인해 발생한 유대 사회의 분열을 막아달라고 요청했던 것이다. 글라디우스가 처벌한 "소란들"은 종교적 분쟁 속에 로마의 법정을 끌어들이려 반복적으로 시도했던 불법 방해 행위일 뿐이다.

유대인들이 로마에서 쫓겨날 때, 유대계 그리스도인들은 '크레스투스'와 관련이 없는 유대인들과 구별되지 않았을 것이다. 누가에 따르면, 브리스길라와 아굴라는 로마를 떠나야 했던 유대계 그리스도인들이었고, 고린도에 정착한 후에 그곳에서 바울을 만났다(행 18:2).

그러나 로마에서 온 대다수의 유대인들은 자신들이 이탈리아에서 형성한 연결조직 가까이에 머문 것 같다. 그래서 망명 중에도 공동체를 결속했으며, 회당 조직과 주변 나라들과의 경제적 관계를 유지했다. 글라디우스가 죽은 서기 55년, 유대인들은 사회적 관계를 보존한 채 돌아올 수 있었고, 친절한 로마인들에게 임대하거나 위탁했던 재산을 되찾을 수 있었다. 그래서 그들은 옛 보증 계약의 한도 내에서 자신들의 생활 방식을 회복했다.

유대계 그리스도인들 역시 돌아왔을 것이다. 그러나 그들은 새로운 상황에 처하게 되었다. 이방계 그리스도인들은 그 추방 칙령에 해당되지 않았기 때문에, 회당으로부터 어떤 괴롭힘도 없이, 6년 동안 자신들의 공동체를 확장할 수 있었다 — 이것은 그리스도교 초기 역사에 일어난 특이한 사건이다.[4]

돌아온 유대계 그리스도인들은 이제 자신들의 주변 환경에서 국외자 신세가 될 처지였다. 유대 율법으로 결속 관계를 유지했던 사람들은, 단지 예수의 최소한의 유대교적 근원에 연관해 살아온 공동체 속에서, 자신들의 삶의 방식은 별로 공감을 얻을 수 없을 것이었다.

바울의 편지는 그러한 연관은 결코 단절될 수 없다는 강력한 주장이다. 지금까지 관례적으로 이 편지의 수신자들은 주로 유대계 그리스도인들일 거라고 생각했다. 바울이 유대교 성서에 대한 정통한 지식으로 장황하게 그리고 학문적으로 논증을 펴나가기 때문이다. 그러나 바울이 그런 논증을 편 이유는 이러한 상상과 정반대이다. 그는 유대교적 토대를 강조한다. 왜냐하면 한동안 과거로부터 격리되어 있었던 한 그리스도인 공동체에는 이 토대가 너무나 조금밖에 알려져 있지 않았기 때문이다. 이 논증은 그가 예루살렘에서 다시 만나려고 하는 그 형제들에게 접근하는 데에 아주 유용한 것이었다.

바울이 명백히 하고자 했던 것은, 이방 민족들에 대한 자신의 사명은 유대인 그리스도인들의 삶과 역사와 관계가 없다거나, 혹은 여전히 하나님과의 계약 관계에 있는 전체 유대 백성의 부르심과 관계가 없는 별개의 노력이 아니라는 사실이었다.

바울의 주된 과제는 유대 백성들에 대한 하나님의 약속은 파기되지 않았다는 사실, 그것은 파기될 수 없다는 사실을 이방계 그리스도인들에게 말하는 것이다. 그는 처음 열세 장의 대부분을 이 주제에 할애했다. 14장과 15장에서만 로마 공동체에서 음식 규례를 준수하는 문제를 다루는 데 할애했을 따름이다.

따라서 주석자들이 나중의 장들을, 앞서 나온 대규모의 논증에 첨가된 부록에 지나지 않는 것으로 본 것은 놀랄 일이 아니다. 그러나 그 긴 토론은 그가 편지를 쓰고 있는 그 공동체의 문제를 주의 깊게 가려내는 하나의 방법이었다.

바울은 직접적인 논쟁점인 유대계 그리스도인들과 이방인들의 관계를 넘어서서, 모든 유대인들에 대한 모든 그리스도인들의 관계를 말했다. 그러나 이것은 실제적인 상황에서 펼치는 그의 논증에 더욱 강력한 힘을 보태주었다. 만일 그리스도인들이 전체 유대 백성에 대한 하나님의 파기할 수 없는 서약을 인식해야 한다면, 그리스도인들은 하나님께서 처음 선택하신 백성에 대한 자신들의 유대를 존중할 이유를 더욱 많이 알아야 한다.

로마에서 실제 상황이 벌어졌을 때, 바울은 안디옥 충돌 사건 때로 돌아가지 않고 고린도의 상황으로 돌아갔다. 안디옥에서 그는 모세 율법의 몇몇 조항들과 반드시 결별해야 한다고 했는데, 고린도에서는 강한 자들과 약한 자들에 관해 말했다. 여기서도 그는 강한 자들이 그들의 '자유'를 더 잘 정당화할 수 있는 이유가 있지만, 주님의 연합된 몸을 고려해 강한 자들은 '약한' 지체들의 두려움을 존중해야 한다고 했다.

고린도의 강한 자들은 우상을 위해 잡은 짐승의 고기를 먹는 데 문제를 느끼지 않았다. 로마의 강한 자들은 정결 음식 규정에 맞게 잡지 않은 짐승의 고기를 먹는 데에 문제를 느끼지 않았다. 로마의 상황이 덜 긴급한 것처럼 보인다. 그러나 바울은 그것을 상징적으로 더 중요하게 만든다.

사실 여기에는 더 고차원의 원칙이 개입되어 있다 — 즉 아무것도 그 자체로 부정한 것은 없다: 단순히 우상숭배와 직접 연관된 것들이라 해서 부정하지 않다 — 그러나 더 긴급한 우선권이 실제 현장에서 위험에 처해 있다: 그것은 그리스도교의 유대교적 뿌리에 대한 고려이다. 과거에는 음식 규정을 주장한다고 베드로를 극렬하게 비난했는데, 이제는 로마 사람들에게 약한 양심을 고려하여 그것을 수용하

라고 말한다:

그대가 음식 문제로 형제자매의 마음을 상하게 하면, 그것은 이미 사랑을 따라 살지 않는 것입니다. 음식 문제로 그 사람을 망하게 하지 마십시오. 그리스도께서 그 사람을 위해 죽으셨습니다. 그러므로 여러분이 좋다고 여기는 일이 도리어 비방거리가 되지 않도록 하십시오. 하나님의 나라는 먹는 일과 마시는 일이 아니라 성령 안에서 누리는 의와 평화와 기쁨입니다. 그리스도를 이렇게 섬기는 사람은, 하나님을 기쁘게 해 드리고, 사람에게도 인정을 받습니다. 그러므로 우리는 서로 화평을 도모하는 일과, 서로 덕을 세우는 일에 힘을 씁시다. 하나님이 이룩해놓으신 것을 음식 때문에 망치는 일이 없도록 하십시오. 모든 것이 다 깨끗합니다. 그러나 어떤 것을 먹음으로써 남을 넘어지게 하면, 그러한 사람에게는 그것이 해롭습니다. 고기를 먹는다든가, 술을 마신다든가, 그 밖에 무엇이든지, 형제나 자매를 넘어지게 하는 일은 하지 않는 것이 좋습니다.

그대가 지니고 있는 신념을 하나님 앞에서 스스로 간직하십시오. 자기가 옳다고 생각하는 일을 하면서 자기를 정죄하지 않는 사람은 복이 있습니다. 의심을 하면서 먹는 사람은 이미 단죄를 받은 것입니다. 그것은 확신에 근거해서 한 것이 아니기 때문입니다. 확신에 근거하지 않은 것은 다 죄입니다. 믿음이 강한 우리는 믿음이 약한 사람들의 약점을 돌보아주어야 합니다. 우리는 자기에게 좋을 대로만 해서는 안 됩니다. 우리는 저마다 자기 이웃의 마음에 들게 행동하면서, 유익을 주고 덕을 세워야 합니다. 그리스도께서도 자기에게 좋을 대로만 하지 않으셨습니다. (롬 14:15-15:3)

바울이 만일 안디옥에서 이런 태도를 취했더라면, 그들과 훨씬 더 잘 지냈을 것이다. 그러나 때가 되어 그가 거기에 도달했다는 사실을 그의 명예라 해야 한다. 그가 우리를 가르치는 방법 중 하나는 "자기에게 배움으로써"라는 것이다. 우리는 바울이 예수께서 진정으로 뜻하신 바에 실제로 어떻게 더 가까이 다가갔느냐를 봄으로써 바울이 진정으로 뜻한 바를 알 수 있다.

▌주▌

1)* John G. Gager, *Reinventing Paul* (Oxford University Press, 2000), p. 77.

2)* Krister Stendahl, *Paul among Jews and Gentiles* (Fortress Press, 1976), p. 47.

3) "유대주의자들"이란 초대 그리스도교 내에서 이방계 그리스도인들에게 할례를 받고 유대

인으로 귀화할 것을 요구하고 유대교의 율법을 준수할 것을 요구하는, 유대 민족주의적
성향의 보수적 그리스도인들을 가리킨다.

4)* James C. Walters, *Ethnic Issues in Paul's Letter to the Romans* (Trinity Press International, 1993).

제7장
_____

바울과 유대인들

바울이 그리스도교 반셈주의의 시조라는 주장은 자주 그리고 오랫동안 있었다. 바울은 저 나쁜 기록의 품목들 중 어디에 서 있는 것일까? 그것들 가운데서 두 가지 예를 들어보자. 첫째 그가 유대인들을 예수 살해자들이라 불렀나? 둘째 그가 유대인들은 하나님께 저주를 받았다고 말했나?

유대인들이 저지른 살해 문제에 관해서 바울은 우선, 유대인들이 그런 짓을 했다는 것을 부인한다. "이 세상 통치자들 가운데는, 이 지혜를 아는 사람이 하나도 없습니다. 그들이 알았더라면, 영광의 주님을 십자가에 못 박지 않았을 것입니다"(고전 2:8). 예수께서 죽임을 당하셨을 때에, 유대인들은 세상의 통치자들이 아니었다. 그들 자신이 세상의 통치자인 로마인들에게 통치를 받았고 로마인들이 예수를 죽였다.

　다른 한편으로 바울은 옛날 예언자들을 죽인 동일한 유대인들이 또한 예수를 죽였다고 말했다. 데살로니가 사람들에게 보내는 편지에서 그는 이렇게 말한다:

　형제자매 여러분, 여러분은 그리스도 예수 안에서 유대에 있는 하나님의 교회들을 본받는 사람이 되었습니다. 그들이 유대 사람에게서 고난을 받은 것과 같이 여러분도 여러분의 동족에게서 똑같은 고난을 받았습니다. 유대 사람들은 주 예수와 예언자들을 죽이고, 우리를 내쫓고, 하나님을 기쁘게 해 드리지 않고, 모든 사람에게 적대자가 되었습니다. 그들은 우리가 이방 사람들에게 말씀을 전해서 구원을 얻게 하려는 일까지도 방해하고 있습니다. 그리하여 그들은 자기들의 죄의 분량을 채웁니다. 마침내 하나님의 진노가 그들에게 이르렀습니다. (살전 2:14-16)

　이것이 바울의 진정 서신에서 그의 반셈주의를 입증하는 최고의 증거가 되는 본문이다. 이것은 고린도 여자들에게 입을 다물라고 말하는 구절과 함께, 후대 사람들이 후대의 생각을 삽입한 것이라고 주장하는 사람들이 있다. 본문에는 그러한 주장을 뒷받침해줄 만한 몇 가지 이상한 점들이 있다. 하지만 그 구절을 없애려는 노력은 그저 명백한 소망 사항일 뿐이다. 그 문제는 나중에 고려해야 할 것이다.

두번째 문제, 바울은 하나님께서 유대인들을 저주하셨다고 말했나? 결단코 그렇지 않다: "하나님께서 자기 백성을 버리셨습니까? 결코 그렇지 않습니다"(롬 11:1). 만일 하나님께서 그들을 버리셨다면, 그들이 어떻게 그분의 백성이 될 수 있겠는가?

다른 한편으로 바울은 이렇게 썼다: "율법 아래서 행하는 사람들은 저주 아래 있습니다"(갈 3:10).

이렇게 서로 다른 진술들을 어떻게 조화시킬 것인가? 첫번째 방법은 이 사람은 광적이며 정신이 혼란스런 유대인이었다고 말하는 것이다 — 사실 이렇게 말하는 것이 지혜의 시작일 것이다. 그것은 많은 사람들이 바울을 다룰 때에 택하는 잘못된 출발점으로부터 우리를 해방시켜줄 것이다 — 잘못된 출발점이란 바울이 다른 종교, 즉 그리스도 교회에 들어가 그 종교의 성장과 확산을 위하여 유대교를 버렸고, 그리스도 교회를 유대교에 대항하도록 싸움을 붙였다고 추측하는 것이다.

그러나 그의 시대에는 그리스도 교회라고 할 만한 실체가 없었다. 예수를 유대인들의 약속된 메시아로 보는 유대 사람들과 이에 더해서 예수를 유대인들의 약속된 메시아로 보는 이방 사람들이 있었을 뿐이다. 바울은 이 이방 사람들을 그리스도교로 끌어들이기 위해 보내심을 받은 것이었다.

바울은 자기의 추종자들을 아무것도 없이 가르친 것이 아니라 유대교의 성서로부터 가르쳤으며 그 메시아를 유대교 계약의 성취로 제시했다. 따라서 우리는 이 세 집단 사이에 하나의 연속체를 발견할 수 있다:

1. 예수를 유대인들의 메시아로 받아들이지 않는 유대인들
2. 예수를 유대인들의 메시아로 받아들이는 유대인들
3. 예수를 유대인들의 메시아로 받아들이는 비유대인들

여기에는 유대교적 맥락 밖에 있는 것이 하나도 없다. 즉 전체 유대인에게 대적하는 집단은 하나도 없다. 여호와에 대한 유대인의 이해에 분열이 있을 따름이다. 우리는 하나의 가족 싸움을 보고 있는 것이다.

바울은 예수를 결코 그리스 사람들의 신으로, 플라톤의 지혜로, 아리스토텔레스의 부동의 동력으로 제시하지 않았다. 그는 하나님에 대해 말할 때 결코 이교도 철학자들이나 비유대인 작가들에게서 나온 구절이나 논증을 인용하지 않았다. (누가가 단 한 번 바울이 그렇게 한 것으로 기술했다 — 그러나 바울은 자신의 글에서 결코 그렇게 하지 않았다.)

바울의 이방인 형제자매들은 무궁무진한 유대 역사와 예언의 자산

을 통해 거듭 가르침을 받았다. 그들은 자기들이 아브라함의 자손이라는 말과, 왜 그렇게 되는지를 자세하게 들었다(롬 4:1-17). 예언자들이 이미 그들의 구원을 말했던 것이다 — 바울은 이방 사람들의 명단을 부른다(롬 15:9-12).

바울에게는 〈구약성서〉라는 것이 없었다. 만일 바울이 자기의 글이 〈신약성서〉라고 불릴 어떤 것으로 집대성될 것이라는 걸 알았더라면, 그는 반대했을 것이다 — 혹시라도 그것이 자신이 알고 있는 유일한 성서, 그가 인정하는 하나님의 유일한 말씀인 성서를 반대한다거나 어떤 형태로든 종속시키는 것을 의미한다면 그는 그 일(=새로운 성서로 집대성되는 것)을 반대했을 것이다.

바울을 읽는 데 가장 기본적인 것 중 하나는 그가 '유대인들'을 언급할 때에 그것이 무엇을 의미하는지 아는 것이다. 우리는 매번 바울을 오해한다. 즉 바울이 위에서 제시한 2번 집단에 대해 말하고 있는데, 1번 집단의 유대인들을 가리키는 것으로 오해한다.

2번 집단의 유대인들은 이방계 그리스도인들에게 유대교의 율법을 부과하려고 해서, 바울과 계속 부딪히면서 갈등을 일으킨 사람들이다. 따라서 바울이 유대인들이 "우리가 이방 민족들에게 구원받는 방법을 말해주지 못하도록 막고 있다"고 말할 때에, 그는 "할례주의자들" 같은 사람들 또는 그리스도인들에게 유대교의 음식 규례를 강요하는 사람들을 지칭하고 있는 것이다.

그 사람들은 안디옥에서 빌립보까지 바울을 "미행한" 적대자들이다(빌 3:2). 그들은 바울보다 앞서 로마에 들어갔다. 실제로 바울을 네로 황제에게 밀고하여 처형당하게 한 것은 유대인들이다. 동포 유대인들을 두고 바울이 내뱉은 가장 거친 말들은 그의 형제[1] 유대인들을 두고 한 것인데, 그들은 나중에 그리스도인들이라 불릴 사람들이다. 바울은 그들을 위선자들(베드로, 야고보, 바나바를 포함하여)과 개들이라고 불렀다(갈 2:13, 빌 3:2). 또한 격노해서 "저주받을 자들(*anathema*)"이라고 일컬었다(갈 1:8-9).

바울의 반셈주의(살전 2:14-16)에 대한 증거 본문을 찾아보는 것은 이 정도면 충분하다. 그 구절에서는 이방 사람들에게 복음이 전파되는 것을 방해하는 사람들은 명백히 형제[2] 유대인들이다. 그들은 예수와 예언자들을 죽인 사람들인가? "이 세상의 통치자들"이 십자가 처형에서 한 것과 같은 그런 의미로서는 아니다.

바울은 예수의 생명이 신도들의 단체 속에 계속하여 임재해 있는 것으로 본다. 거기에 임재해 계시는 예수를 반대하는 사람들은 그분을 죽이려고 하는 것이다. 그것은 사람들이 부활하신 주님을 선포하는 예언자들을 죽이려 했던 것과 같다(과거에 바울은 그런 사람들 중 하나였다). 그들은 "죄의 분량을 채우고 있는" 사람들이다.

만일 이 말이 예수를 믿는 바울의 동료 신도들을 두고 하기에는 너무 거센 말이라고 생각하는 사람이 있다면, 그 사람은 바울이 자신의 동료 신도들을 위선자들, 개들, 저주받을 자들이라고 부르는 것을 어떻게 할 것인가? 여기에 거명된 사람들은 바울을 — 그리고 마찬가지로 베드로를 — 넘겨주어 처벌받게 할 자들이다.

사실 바울을 반셈주의자라 부르는 것보다 "반 유대인—그리스도인 논객"이라 부르는 것이 더 타당할 것이다. 어쨌든 바울보다 더 셈다운(Semitic) 셈 사람(Semite)은 없다.[3)]

"다른 어떤 사람이 육신에 신뢰를 둘 만한 것이 있다고 생각하면, 나는 다른 사람들보다 더 많이 그렇게 할 수 있습니다. 나는 더욱 그러합니다 — 나는 난 지 여드레만에 할례를 받았고, 이스라엘 민족 중에서도 베냐민 지파요, 히브리 사람 중의 히브리 사람이요, 율법으로는 바리새파 사람이요, 열성으로는 교회를 박해한 사람이요, 율법의 의로는 흠 잡힐 데가 없는 사람이었습니다"(빌 3:4-6).

"나는 내 동족 가운데서, 나와 나이가 같은 또래의 많은 사람보다 유대교 신앙에 앞서 있었으며, 내 조상의 전통을 지키는 일에도 훨씬 더 열성이었습니다"(갈 1:14).

바울은 유대인으로서 될 수 있는 꼭 그만큼 유대인다운 사람이다. "나도 이스라엘 사람이요, 아브라함의 후손이요, 베냐민 지파에 속한 사람입니다. 하나님께서는 미리 아신 자기 백성을 버리지 않으셨습니다"(롬 11:1-2). 그가 이것을 아무리 자주, 아무리 강조해서 말하더라도 지나치다고 할 수 없을 정도다.

"나는, 육신으로 내 형제들인 내 겨레를 위하는 일이면, 내가 저주를 받아서 그리스도에게서 끊어질지라도 달게 받겠습니다. 내 형제들은 이스라엘 백성입니다. 그들에게는 하나님의 자녀로서의 신분이 있고, 하나님을 모시는 영광이 있고, 율법이 있고, 하나님의 약속들이 있습니다. 족장들은 그들의 조상이요, 그리스도도 육신으로는 그들에게서 태어나셨습니다. 그는 만물 위에 계시며 영원토록 찬송을 받으실 하나님이십니다. 아멘"(롬 9:3-5).

바울은 자신이 로마 시민인 것을 결코 자랑하지 않는다. 누가는 바울로 하여금 그것을 자랑하게 하지만 사실은 그렇지 않다. 바울은 결코 "유명한 도시"(행 21:39) 출신이라는 것을 자랑하지 않는다. 그는 오직 자신의 유대교적 뿌리와 규례를 자랑할 뿐이다.

그렇다면 어떻게 그가 유대교의 율법을 공격할 수 있는가?

간단히 말하면, 그는 공격하지 않는다.

로마서는 바울의 교리 해설의 핵심으로 여겨지곤 하는데, 앞서 제시한 "유대인들"이라는 말이 가진 세 가지 의미의 혼동 때문에 자주 오독된다. 사람들은 로마서가 1번 집단의 유대인들을 가공의 실체인 그리스도교와 대립시킨다고 생각한다. 내가 앞 장에서 논증한 바와 같이, 바울은 3번 집단의 유대인들(유대교의 메시아를 믿는 이방인 신도들)에게 로마에 있는 2번 집단, 즉 로마에 있는 소수자들인 형제들의 소심한 처신을 존중해야 한다고 말하고 있다. 그러나 이것은 바울이 3번 유대인들의 머리 너머로 2번 유대인들(받아들여야 할 유대인 형제들[4])에게 말을 하고 있다는 것을 뜻한다.

그런데 바울은 사실 **그들의** 머리 너머로 예루살렘에 있는 형제들[5]에게 말하고 있다. 바울은 그들이 이 편지를 읽을 것을 기대하면서, 자신은 그들이 관심하는 문제를 늘 다루고 있다는 것을 확신시킨다. 그는 심지어 3번 집단의 머리 너머로 예수를 아직 메시아로 받아들이지 않는 유대인들인 1번 집단에게, 예수를 메시아로 인정하는 것이 모세의 율법을 무시하는 것은 아니라고 말한다.

청중들 간의 이러한 모든 상호작용은 이 편지에 다이어트라이브[6] 기법을 사용함으로써 가능하게 되었고, 또한 복잡하게 되었다. 이 기법은 상정할 수 있는 다양한 인물들로 하여금 제 목소리로 다양한 견해를 말하게 하는 것이다. 이렇게 세워 놓은 복잡한 관계들을, 바울이 '그리스도교'의 입장에서 '유대교의 율법'을 공격하고 있다고 말하는 사람들이 마구 짓밟아서 서로 구별할 수 없는 뒤죽박죽으로 만들어버렸다.

이러한 단순화는 바울이 '칭의'의 한 수단인 '믿음'의 관점에서 '율법' 또는 '행위' 일반을 공격하고 있다고 생각하는(개신교의 핵심에 놓여 있는 루터 식 읽기) 사람들이 한층 더 단순화시킨다.

그러한 모든 접근 방법은 이 편지를 작성한 첫번째 의도를 오독했다. 이 편지의 의도는 모든 유대인 집단들에게 서로 비판하지 말라고 하면서 그들을 화해시키는 것이었다(롬 2:1). 왜냐하면 사람을 차별 없이 대하시는(롬 2:11) 하나님께서는 그들 모두의 편이시기 때문이다: "유대 사람이나, 그리스 사람이나, 차별이 없습니다. 그는 모든 사람에게 똑같이 주님이 되어주시고, 그를 부르는 모든 사람에게 풍성한 은혜를 내려주십니다. 주님의 이름을 부르는 사람은 누구든지 구원을 얻을 것입니다"(롬 10:12-13).

이 편지에서 첫번째로 주의해야 할 중요한 문제는 바울이 하나님의 율법을 뛰어넘는 것에 대해 말할 때에는 하나님이 세우신 두 가지 율법 — 즉, 모세에게 주신 유대교의 율법뿐만 아니라 이방 사람들에게 주신 자연법 — 에 대해 말하고 있다는 것이다.

바울은 이 두 율법을 유대 사람들과 이방 사람들 양쪽에게 준 하나의 약속, 즉 아브라함이 모든 민족의 조상이 되리라고 그에게 주신 약속(롬 4:13)과 대조시킨다. 예수는 그 단일한 약속의 성취가 됨으로서 양 율법을 뛰어넘는다.

이방 사람들에게 준 율법은 돌판에 새겨준 것이 아니라 그들의 마음에 새겨준 것이다: "이 세상 창조 때부터, 하나님의 보이지 않는 속성, 곧 그분의 영원하신 능력과 신성은, 사람이 그 지으신 만물을 보고서 깨닫게 되어 있습니다. 그러므로 사람은 핑계를 댈 수 없습니다. 사람들은 하나님을 알면서도, 하나님을 하나님으로 영화롭게 해 드리거나 감사를 드리지 않았습니다"(롬 1:20-21).

194

"율법을 가지지 않은 이방 사람이, 사람의 본성을 따라 율법이 명하는 바를 행하면, 그들은 율법을 가지고 있지 않아도, 자기 자신이 자기에게 율법입니다. 그런 사람은, 율법이 요구하는 일이 자기의 마음에 적혀 있음을 드러내 보입니다. 그들이 이 편이 그른지, 저 편이 옳은지를 놓고 논쟁할 때에 그들의 양심도 이 사실을 증언합니다. 그들의 생각들이 서로 고발하기도 하고, 변호하기도 합니다. 이런 일은, 내가 전하는 복음대로, 하나님께서 그리스도를 내세우셔서 사람들이 감추고 있는 비밀들을 심판하실 그 날에 드러날 것입니다"(롬 2:14-16).

그러나 단순히 자연법을 아는 것이 사람들로 하여금 본성을 따르도록 만들지는 않는다. 이방 사람들은, 전체적으로 죄인들이다. 그들은 자기들의 철학을 자랑하지만, 어리석은 사람들이라는 것이 입증되었다(롬 1:22).

명시된 하나님의 율법을 가지고 있다는 것 또한 유대인들로 하여금 그것을 따르게 만들지는 않는다. 그 반대로, 예언자들이 번갈아 가면서 확언한 바와 같이, 유대인들은 거역하는 백성이었다(롬 10:21) — 그들의 불순종은 이방 사람들 가운데서 하나님의 이름을 욕되게 했다(롬 2:24). 하나님은 양 율법, 즉 자연법과 계약법을 어기는 사람들을 벌하신다.

먼저 유대 사람들이 처벌 대상이 된다. 왜냐하면 율법은 그들이 존중해야 할 특별한 소유물이기 때문이다. 이방 사람들도 역시 처벌 대상이다(롬 2:10) — 하나님께서 첫번째로 유대 사람들을 택하신 것과 똑같이 이방 사람들도 또한 택하셨다(롬 1:16).

"우리 유대인들이 이방인들보다 나은 점이 있습니까? 전혀 그렇지 않습니다. 유대인들이나 이방인들이나, 다 같이 죄의 지배 아래 있음을 우리가 이미 지적하였습니다. 성경이 우리에게 이렇게 말합니다. '의인은 없다. 한 사람도 없다'"(롬 3:9-10).

유대인들이 부끄럽게도, 하나님께서는 유대인들에게 약속하신 복을 공유하도록 이방인들을 불러들이셨다. 하나님은 이집트 왕 바로를 사용하신 것과 같이, 유대인들을 바로잡기 위하여 이방인들을 사용하고 계신다. 유대인들은 바로 세워질 것이다. 그들의 일탈은 일시적일 뿐이다.

그러면 내가 묻습니다. 이스라엘이 걸려 넘어져서 완전히 쓰러져 망하게끔 되었습니까? 그럴 수 없습니다. 그들의 허물 때문에 구원이 이방 사람에게 이르렀는데, 이것은 이스라엘에게 질투하는 마음이 일어나게 하려는 것입니다. 이스라엘의 허물이 세상의 부요함이 되고, 이스라엘의 실패가 이방 사람의 부요함이 되었다면, 이스라엘 전체가 바로 설 때에는, 그 복이 얼마나 더 엄청나겠습니까? 하나님께서 그들을 버리심이 세상과의 화해를 이루는 것이라면, 그들을 받아들이심은 죽은 사람들 가운데서 살아나는 삶을 주심이 아니고 무엇이겠습니까? (롬 11:11–12,15)

스텐달이 말한 것처럼, 로마서는 하나님의 우주적 '교통 계획'이다. 이방인들이 속력을 내게 하기 위해 유대인들은 '정지당해' 있다. "하나님의 계획 안에 있는 유대인들은 이방인들이 들어올 시간을 갖도록 잠시 동안 비켜서 있어야 했다."[7] 이것이 첫번째로 내건 약속을 완성시키시는 놀라운 하나님의 방법이다:

온 이스라엘이 구원받게 되리라는 것입니다. 그것은 성경에 이렇게 기록되어 있는 바와 같습니다. "구원하시는 분이 시온에서 오실 것이니, 야곱에게서 경건하지 못함을 제거하실 것이다. 이것은 그들과 나 사이의 언약이니, 내가 그들의 죄를 없앨 때에 이루어질 것이다."(롬 11:26–27)

바울은 이방인들이 유대교 율법의 모든 의식적 요구사항을 준수할 의무는 없다 하더라도, 유대교의 율법을 존중할 필요가 있다고 말한다. 바울은 또 이렇게 말한다: "예수는 할례 받은 사람을 시중드는 사람(*diakonos*)이다"(롬 15:8). 바울은 왜 이것을 로마 사람들에게 밝히고 있는가? 바울이 겨냥하고 있는 상황을 기억하라.

글라디우스 황제의 추방이 끝난 후에 이방계 형제들이 유대계 형제들을 받아들이고 있었다. 몇몇 이방계 형제들이 율법 준수를 견지하려는 유대계 형제들의 바람을 존중하지 않고 있는 상황이다. 바울은 이방계 형제들에게, 예수가 성취하신 약속들은 유대교의[8] 약속들이고 그 약속은 율법의 보호 아래 전해 내려왔다는 사실을 상기시켜야 했다. "그러면 유대 사람의 특권은 무엇이며, 할례의 이로움은 무엇입니까? 모든 면에서 많이 있습니다. 첫째 그들은 하나님의 말씀을 맡았다는 것입니다"(롬 3:1-2).

이방인들은 모세의 율법이 예수가 성취한 복음의 보관자(그는 이것을 갈라디아 3장 24절에서는 '초등교사'라 부른다)였다는 사실을 인정해야 한다. 이방인들은 유대인이라는 줄기에 접붙임 받은 것이다. 그 줄기가 없다면, 이방인들은 세계와 그것의 구원을 위한 하나님의 구상과 연결되지 못한 채 허공에 표류하고 있을 것이다.

스텐달이 이방인 형제들에게 내리는 이러한 주의사항은 그리스도교가 반셈주의가 되는 것에 대항하는 최초의 그리고 최선의 경고라고 한 것은 적절한 지적이다:

그런데 참올리브 나무 가지들 가운데서 얼마를 잘라 내시고서, 그 자리에다 돌올리브 나무인 그대를 접붙여 주셨기 때문에, 그대가 참올리브 나무의 뿌리에서 올라오는 양분을 함께 받게 된 것이면, 그대는 본래의 가지들을 향하여 우쭐대지 말아야 합니다. 비록 그대가 우쭐댈지라도, 그대가 뿌리를 지탱하는 것이 아니라, 뿌리가 그대를 지탱한다는 것을 명심해야 합니다.

그러므로 "본래의 가지가 잘려 나간 것은, 그 자리에 내가 접붙임을 받게 하시려는 것이었다" 하고 그대는 말해야 할 것입니다. 옳습니다. 그 가지들이 잘린 것은 믿지 않은 탓이고, 그대가 그 자리에 붙어 있는 것은 믿었기 때문입니다. 그러니 교만한 마음을 품지 말고, 도리어 두려워하십시오. 하나님께서 본래의 가지들을 아끼지 않으셨으니, 접붙은 가지도 아끼지 않으실 것입니다. 그러므로 하나님의 인자하심과 준엄하심을 생각해보십시오.

하나님께서는 넘어진 사람들에게는 준엄하십니다. 그러나 그대가 하나님의 인자하심에 머물러 있으면, 하나님이 그대에게 인자하게 대하실 것입니다. 그렇지 않으면, 그대도 잘릴 것입니다. 그러나 믿지 않았던 탓으로 잘려나갔던 가지들이 믿게 되면, 그 가지들도 접붙임을 받게 될 것입니다. 하나님께서는 그 가지들을 다시 접붙이실 수 있습니다. 그대가 본래의 돌올리브 나무에서 잘려서, 그 본성을 거슬러 참올리브 나무에 접붙임을 받았다면, 본래 붙어 있던 이 가지들이 제 나무에 다시 접붙임을 받는 것이야 얼마나 더 쉬운 일이겠습니까?

형제자매 여러분, 나는 여러분이 이 신비한 비밀을 알기를 바랍니다. 그것은 여러분이 스스로 현명하다고 생각하는 일이 없게 하려는 것입니다. 그 비밀은 이러합니다. 이방 사람의 수가 다 찰 때까지 이스라엘 사람들 가운데서 일부가 완고해진 대로 있으리라는 것과 온 이스라엘이 구원을 받게 되리라는 것입니다. 그것은 성경에 이렇게 기록되어 있는 바와 같습니다. "구원하시는 분이 시온에서 오실 것이니, 야곱에게서 경건하지 못함을 제거하실 것이다 이것은 그들과 나 사이의 언약이니, 내가 그들의 죄를 없앨 때에 이루어질 것이다." 복음의 관점에서 판단하면, 이스라엘 사람들은 여러분이 잘되라고 하나님의 원수가 되었지만, 택하심을 받았다는 관점에서 판단하면, 그들은 조상 덕분에 하나님의 사랑을 받는 사람들입니다.

하나님께서 주시는 고마운 선물과 부르심은 철회되지 않습니다. 전에 하나님께 순종하지 않던 여러분이, 이제 이스라엘 사람의 불순종 때문에 하나님의 자비를 입게 되었습니다. 이와 같이, 지금은 순종하지 않고 있는 이스라엘 사람들도, 여러분이 받은 자비를 보고 회개하여, 마침내는 자비하심을 입게 될 것입니다. 하나님께서 모든 사람을 순종하지 않는 상태에 가두신 것은 그들에게 자비를 베푸시려는 것입니다. (롬 11:17-32)

포용적인 하나님의 계획에 대한 이러한 낙관주의는 로마서에서 쥐어짜낸 선택, 칭의, 예정 따위의 심각한 해석을 거의 반영하지 않는다. 이것은 위로와 화해의 편지이다: 바울은 벌 받는 개인의 영혼이라는 측면에서 사유하지 않았다. 그는 민족 전체를 사유했다 ― 진실로 우주 전체를 사유했다.

현재 우리가 겪는 고난은, 장차 우리에게 나타날 영광에 견주면, 아무것도 아니라고 나는 생각합니다. 피조물은 하나님의 자녀들이 나타나기를 간절히 기다리고 있습니다. 피조물이 허무에 굴복했지만, 그것은 자의로 그렇게 한 것이 아니라, 굴복하게 하신 그분이 그렇게 하신 것입니다. 그러나 희망은 남아 있습니다. 그것은 곧 피조물도 썩어짐의 종살이에서 해방되어서, 하나님의 자녀가 누릴 영광된 자유를 얻으리라는 것입니다.
모든 피조물이 이제까지 함께 신음하며, 함께 해산의 고통을 겪고 있다는 것을, 우리는 압니다. 그뿐만 아니라, 첫 열매로서 성령을 받은 우리도 자녀로 삼아주실 것을, 곧 우리의 몸을 속량하여주실 것을 고대하면서, 속으로 신음하고 있습니다. (롬 8:18-23)

어떤 사람들은 바울의 희망찬 미래 전망에는 모든 민족들이 포괄

되어 있음을 시인한 이후에도, 여전히 이러저러한 방식으로 바울을 오해한다. 세 가지만 지적해보자:

1. 어떤 이들은 바울이 세상의 종말이 이르기 전에 유대인들의 회개가 선행해야 한다고 말했다고 생각한다. 그러나 그것은 줄기를 가지에다 접붙이는 것이다. 바울은 형제들[9]이 유대인의 약속, 역사, 운명에 연결되어 있다고 하지, 그 반대로 말하지 않는다. 스텐달의 말처럼 바울은 언제나 이방인들을 "명예 유대인들"[10]로 생각했다. 때의 정점에 이르러 본래 유대인들과 명예 유대인들이 어떻게 통합될지는 비밀인데, 바울은 그 일의 완수를 하나님께 온전히 맡겼다. 바울은 언제나 하나님의 주도권을 강조하지 인간의 주도권을 말하지 않는다.

바울은 그 약속이 어떻게 성취되는지 알지 못한다. 그가 알고 있는 것은 다만 그 약속이 성취되리라는 것이다. 왜냐하면 하나님의 약속이기 때문이다. 하나님이 하신 말씀은 반드시 지켜져야 하고 지켜질 것이다. 하나님은 약속을 저버리시지 않는다(롬 11:29). 약속을 지키는 것은 그분의 책임이다. 우리가 할 일은 그 말씀을 신뢰하는 것이다.

"그들 가운데 얼마가 신실하지 못했다고 해서, 무슨 일이라도 일어납니까? 그들이 신실하지 못하다고 해서 하나님의 신실함이 없어지겠습니까? 그럴 수 없습니다. 사람은 다 거짓말쟁이지만 하나님은 참되십니다. 성경에 기록한 바 '주님께서는 말씀하실 때에 의로우시다 인정을 받으시고 재판을 받으실 때에 주님께서 이기시려는 것입니다' 한 것과 같습니다'"(롬 3:3-4). "하나님께서 자기 백성을 버리셨습니까? 결코 그렇지 않습니다"(롬 11:1).

2. 어떤 이들은, 바울은 하나님이 유대교의 율법을 폐하신다고 보지 않기 때문에, 인류의 "두 노선"의 구원을 믿는다고 주장한다. 이방 사람들은 예수를 믿게 될 것이고 유대 사람들은 자기들의 율법을 가지고 그대로 남아 있을 것이다. 그런데 오직 이방 사람들만이 예수를 의지해서 구원을 받게 될 것이다. 그러나 바울은 결코 예수를 유대교의 계약 그리고 그 성취와 분리된 것으로 보지 않는다. 좀 후대 세대들은 예수에게 귀의하는 것을 하나의 분리된 종교, 즉 '신약성서'의 종교에 귀의하는 것으로 말한다. 그러나 바울은 신약성서라는 것과, 유대 백성이 받은 약속 안에 들어 있는 구원 외의 구원이라는 것을 알지 못했다는 사실을 잊지 말아야 한다.

그는 구원받는 방법의 대체를 믿지 않았다. 바울이 예수와 함께 믿은 것은 예언자들의 주장이 성취되어 심령의 종교가 외형적 (율법) 준수의 종교를 대체해야 한다는 것이었다. 그러나 그는 유대교 율법의 핵심 가치를 유지했다. 예수와 바울 모두에게 그것이 확인된다. "모든 율법은 '네 이웃을 네 몸과 같이 사랑하여라' 하신 한마디 말씀

속에 다 들어 있습니다"(갈 5:14). "이것이 율법과 예언서의 본뜻이다"
(마 7:12).

현대 유대인들은 동물 희생 제사의 준수를 더 이상 믿지 않는다. 바울은 할례의 이점이 매우 크다고 말했다. 왜냐하면 그것은 아브라함에게 주신 약속에 대한 증표이기 때문이다. 증표가 첨부되기 전에 약속이 주어졌지만(롬 4:12) 유대계 형제들이 약속의 한 상징으로 증표를 준수하는 것은 옳다.

마찬가지로 바울은 로마 사람들에게 음식 규례를 준수하려는 유대계 형제들을 존중하라고 말했다. 왜냐하면 그것이 자기 백성과 맺으신 하나님의 계약에 연결시키는 역사적 끈을 재확인시키기 때문이다. 예수는 유대교 성서의 성취이지 다른 별개의 계시의 성취가 아니다. 바울은 심령의 종교를 믿었다. 이 종교는 유대교의 의식은 물론 후대 그리스도교의 종교적 관행을 반대할 것이었다.

예수는 새로운 종교를 설립하지 않았고 바울은 새로운 종교를 설파하지 않았다.

3. 바울의 포용사상[11]을 철저히 이해하지 못하는 데서 더 깊은 오해가 생긴다. 그 결과 유대인—이방인 쟁점으로부터 완전히 벗어나 옆길로 빠져버린다. 그것은 심령의 종교와 외형적 정결 규례의 종교 사이의 대조를, 루터 식의 믿음과 행위 사이의 대조로 바꿔버린다.

루터는 어떤 덕행과 관계없이 하나님에 대한 믿음만으로 사람이 "의롭다고 인정된다"고 말했다. 바울은 외적 행위를 준행하는 것 — 할례, 성일, 음식 규례를 지키는 일과 같은 것 — 은 율법의 내적 행위, 하나님 사랑과 이웃 사랑의 대치물이 아니라고 말했다. 바울은 이러한 내면적 준행을 "마음의 할례"(롬 2:29)라 했다.

바울은 하나님이 주신 자연법에서 떠난 이방인들을 비난한 것과 똑같이, 이러한 내적 율법에서 떠난 유대인들을 죄인으로 비난했다.

루터는 죄인 개개인의 내면적 투쟁이라는 관점에서 사고한 것이지, 민족들 전체의 구원이라는 관점에서 사고하지 않았다. 바울은 이와 반대였다 — 이것은 유명한 루터교회 감독인 스텐달이 지적한 바와 같다. 바울은 하나님의 계획이 소매 방식으로가 아니라 "도매" 방식으로 운영된다고 보았다.

바울은 스페인으로 가는 도중에, 전체 이방 세계를 얻어내려는 자신의 시도에 로마 사람들을 끌어들이려 했고, 성공의 가능성이 있었다. 한편으로 그는 유대인 형제들을 이 사업에 '동승'시키기 위해 예루살렘으로 갔다. 그는 유대인 형제들이 자기 동포들에게, 예수가 그들에게 약속되었고 지금도 여전히 바라고 있는 그분이라는 사실을 인식시켜주기를 바라고 있었다. 바울의 메시지는 언제나 자신의 — 그리고 예수의 — 혈족에 관한, 혈족을 위한 것이었다.

1) "형제"는 예수를 믿는 신도를 지칭하는 명칭이다.

2) "형제"는 예수를 믿는 신도를 지칭하는 명칭이다.

3) "셈 사람"(a Semite)은 노아의 아들이 셈의 자손을 가리키는데 유대 사람을 뜻한다. "셈적"(Semitic)이라는 말은 "유대적인/유대인다운"을 뜻한다.

4) "형제들"은 예수를 믿은 신도들을 지칭한다.

5) "형제들"은 예수를 믿은 신도들을 지칭한다.

6) "다이아트라브"(diatribe)는 상대편을 통렬하게 비난·공격하는 말이나 글이다.

7)* Krister Stendahl, *Final Account: Paul's Letter to the Romans* (Fortress Press, 1995), pp. 6-7.

8) Jewish라는 형용사는 "유대교적"을 뜻하기도 하고 "유대인적"을 뜻하기도 한다.

9) "형제들"은 예수를 믿은 신도들을 지칭한다.

10)* Krister Stendahl, *Paul among Jews and Gentiles* (Fortress Press, 1976), p. 37.

11) "포용사상"(inclusiveness)이라는 것은 구원사건은 유대인과 이방인 사이의 양자택일의 문제가 아니라 그 양쪽을 다 포괄한다는 주장이다.

제8장

바울과 예루살렘

　예루살렘 교회를 상대로 한 바울의 지속적 투쟁은 예루살렘 교회와 일으킨 첫번째 충돌 때 합의한 것을 이행하려는 그의 열의 속에 명백히 드러난다 ― 그때의 합의사항은 그가 예루살렘의 "가난한 사람들을 기억해야" 한다는 것이었다. 현재 남아 있는 편지들의 상당 부분은 예루살렘을 위한 큰 자금을 모으는 일에 관련되어 있다.

　이 일은 바울에게 일종의 강박관념이 되었다. 바울은 그 모금을 유대에 있는 유대인 형제들[1]에게 연결되는 하나의 가교로 보았다. 그것은 더 나아가서 유대인 전체에 연결되는 가교일 것이다. 그는 그 모금을 거대한 규모로 조직하고 있었는데, 매년 예루살렘으로 유입되는 수백만 디아스포라 유대인들의 막대한 성전세 납부와 견줄 만한 그러한 규모였다.

성도들을 도우려고 모으는 헌금에 대하여는, 내가 갈라디아 여러 교회에 지시한 것과 같이, 여러분도 그렇게 하십시오. 매주 첫날에, 여러분은 저마다 수입에 따라 얼마씩을 따로 저축해두십시오. 그래서 내가 갈 때에, 그제야 헌금하는 일이 없어야 할 것입니다. 내가 그리로 가게 되면, 그 때에 여러분이 선정한 사람들에게 내가 편지를 써주어서, 그들이 여러분의 선물(*charis*)을 가지고 예루살렘으로 가게 하겠습니다. 나도 가는 것이 좋다면, 그들은 나와 함께 갈 것입니다.(고전 16:1-4)

그것은 거대한 공정이었다. 각 디아스포라 교회 공동체는 그 헌금을 가져갈 상당수의 대표들을 파송해야 했다. 바울은 자기가 대표들 틈에 끼는 것이 도움이 될지 아닐지를 관망하고 있었다 — 거기에는 그럴 만한 이유가 있었다. 모금 활동은 남들을 위하여 각 지체가 서로 돌보아줌으로써, 예수의 몸 전체를 가시적으로 한데 엮는 것으로 보일 수 있었다. 또 그것은 예루살렘 공동체보다 디아스포라 신도들의 수가 월등히 많음을 과시하는 일로 보일 것인지, 아니면 불쾌하게 여겨질 것인지 생각해야 했다.

바울의 적대자들은 그러한 대규모 활동을 보고, 그가 착실한 유대인들이 보내는 성전세와 맞먹으려고 한다든가, 혹은 그것을 능가하려고 한다든가, 심지어 그것을 조롱하려 한다는 의심을 품지는 않을까? 바울은 자신의 거대한 구상에 차츰 더 많은 정력을 쏟아 부으면서 이러한 점을 염려했을 것이다.

나중에 고린도 사람들과 주고받은 그의 편지에서 이러한 것들이 문젯거리가 되었음을 엿볼 수 있다. 모금은 고린도의 신도 공동체들에서 많은 오해의 근원이 되었다. 불신이 퍼지는 분위기에서 그런 큰 금액을 안전하고 투명하게 모으는 문제를 두고 의구심들이 쏟아져 나왔다. 이런 논쟁들을 처리하기 위해 바울은 공동체들에게 중립적인 감독자들을 선출하여 모금 관리를 하게 하라고 했다. 그들은 고린도 사람들이 바울의 대변인으로 받아들인 디도와 함께 작업을 할 것이었다. 디도는 마케도니아에서 거액을 모금하던 중이었다. 마케도니아는 — 고린도만큼 부유하지는 않지만 — 눈에 띌 정도로 헌금에 후했다.

바울은 이제 저항하고 있는 고린도 사람들을 부드럽게 설득해서 적어도 마케도니아 사람들의 기부금에 필적하게 만들려고 한다:

그래서 우리는 디도에게 청하기를, 그가 이미 시작한 대로 이 은혜로운 일을 여러분 가운데서 완성하라고 하였습니다. 여러분은 모든 일에 있어서 뛰어납니다. 곧 믿음에서, 말솜씨에서, 지식에서, 열성에서, 우리와 여러분 사이의 사랑에서 그러합니다. 여러분은 이 은혜로운 활동에서도 뛰어나야 할 것입니다.

나는 이 말을 명령으로 하는 것이 아닙니다. 다른 사람들의 열
성을 말함으로써, 여러분의 사랑도 진실하다는 것을 확인하려
고 하는 것뿐입니다. 여러분은 우리 주 예수 그리스도의 은혜를
알고 있습니다. 그리스도께서는 부요하나, 여러분을 위하여 가
난하게 되셨습니다. 그것은 그의 가난으로 여러분을 부요하게
하시려는 것입니다. 이 일에 한 가지 의견을 말씀드리겠습니다.
이 일은 여러분에게 유익합니다. 여러분은 지난해부터 이미 이
일을 시작했을 뿐 아니라, 그렇게 하기를 원하기도 하였습니다.
그러므로 이제는 그 일을 완성하십시오. 여러분이 자원해서 시
작할 때에 보여준 그 열성에 어울리게, 여러분이 가지고 있는
것으로 그 일을 마무리 지어야 합니다. 기쁜 마음으로 각자의
형편에 맞게 바치면, 하나님께서는 그것을 기쁘게 받으실 것입
니다. 하나님께서는 없는 것까지 바치는 것을 바라지 않으십니
다. 나는 다른 사람들을 편안하게 하고, 그 대신에 여러분을 괴
롭게 하려는 것이 아니라, 평형을 이루려고 하는 것입니다. 지
금 여러분의 넉넉한 살림이 그들의 궁핍을 채워주면, 그들의 살
림이 넉넉해질 때에, 그들이 여러분의 궁핍을 채워줄 수도 있을
것입니다. 이렇게 하여 평형이 이루어지는 것입니다.
이것은 성경에 기록하기를 "[광야에서 만나를] 많이 거둔 사람
도 남지 아니하고, 적게 거둔 사람도 모자라지 아니하였다" 한

210

것과 같습니다.(고후 8:6-15)

바울에게는 공동체들 사이에 서로 주고받는 이러한 거래가 예수의 몸에 속한 각 지체의 상호성에 대한 물질적 표현, 바로 그것이었다:

하나님께서는 몸을 골고루 짜 맞추셔서 모자라는 지체에게 더 풍성한 명예를 주셨습니다. 그래서 몸에 분열이 생기지 않게 하시고 지체들이 서로 같이 걱정하게 하셨습니다. 한 지체가 고통을 당하면, 모든 지체가 함께 고통을 당합니다. 한 지체가 영광을 받으면, 모든 지체가 함께 기뻐합니다. 여러분은 그리스도의 몸이요, 따로따로는 그 지체입니다.(고전 12:24-27)

바울은 헌금을 맡은 대표단을 예루살렘으로 인도하기로 결정한 뒤에, (그가 아직 방문하지 않은) 로마 사람들에게 이 계획을 알린다. 이전에 그는 지금 주고 미래에 받음으로써 평형을 이루는 것에 대해 말했다. 즉 예루살렘이 어느 날 디아스포라 교회 공동체들에게 되갚아줄 만큼 물질적 풍요를 누리게 되면 그런 일이 일어날 것이라고 했다. 이제 그는 물질적인 것을 주는 것과 영적인 것을 받는 것 사이에 잡아야 할 **동시적** 평형에 관해 말한다.

예루살렘은 이미 유대 유산의 많은 귀중한 것들을 디아스포라 공동체들에게 주었는데, 그것들이 곧 메시아의 삶 속에서 성취된 계약의 약속과 예언자들의 유산이다. 이것은 바울이 예루살렘 형제들에게 바친 가장 직접적인 공물이다. (그는 예루살렘 공동체를 위하여 이런 말씀을 읽어주려고 한다.)

그러나 지금 나는 성도들을 돕는 일로 예루살렘에 갑니다. 마케도니아와 아가야 사람들이 기쁜 마음으로, 예루살렘에 사는 성도들 가운데 가난한 사람들에게 보낼 구제금을 마련하였기 때문입니다. 그들은 기쁜 마음으로 그렇게 하였습니다. 그들은 정말로 예루살렘 성도들에게 빚을 진 사람들입니다. 이방 사람들은 그들에게서 신령한 복을 나누어 받았으니, 육신의 생활에 필요한 것으로 그들에게 봉사할 의무가 있습니다. 그러므로 나는 이 일을 마치고, 그들에게 이 열매를 확실하게 전해준 뒤에, 여러분에게 들렀다가 스페인으로 가겠습니다. (롬 15:25-28)

스페인으로 가야 하는 사명에 대한 확신에도 불구하고, 그는 예루살렘 여행을 앞두고 불안한 심경을 토로한다:

형제자매 여러분, 내가 우리 주 예수 그리스도를 힘입어서, 그리고 성령의 사랑을 힘입어서 여러분에게 부탁합니다. 나도 기도합니다만, 여러분도 나를 위하여 하나님께 열심히 기도해주십시오. 내가 유대에 있는 믿지 않는 자들에게서 화를 당하지 않도록, 그리고 또 내가 예루살렘으로 가져가는 구제금이 그곳 성도들에게 기쁘게 받아들여지도록 기도해주십시오. 그래서 내가 하나님의 뜻을 따라 기쁨을 안고 여러분에게로 가서, 여러분과 함께 즐겁게 쉴 수 있게 되도록 기도해주십시오. (롬 15:30–32)

그의 관심사는 두 가지이다. 하나는 강경론자들(*apeithountes*, 문자적으로는 "설득당하지 않은 자들")에게서 자신의 신체적 안전을 보장받는 것이요, 다른 하나는 예루살렘 형제들에게 정신적 영접을 받는 것이다.

누가는 감추려고 노력하는 사실이지만, 예루살렘 형제들과 바울의 관계는 아주 적대적인 상태이거나, 항상 긴장 상태였다. 그러나 상황이 이렇다면, 바울은 왜 그곳으로 가는 위험한 여행을 감행했을까? 그는 여러 도시에서 뽑힌 대표자들이 자기를 빼고 갈 것이라고 일찍이 말했었다. 로마 사람들에게 그가 표현한 불길한 예감이 있었다면 왜 그는 마음을 바꾸지 않았을까?

그가 로마를 스페인으로 가는 전진기지로 이용해, 복음을 새로운 수준의 넓은 세계에 펼치려고 계획하고 있었다는 사실을 기억해야 한다. 예루살렘의 유랑 사도들과 여타 공동체들은 일치에 위협을 가

하고 있었다. 바울은 자신이 떠난 뒤까지 이러한 위협이 남아 있는 것을 바라지 않았다. 로마 사람들에게 써 보낸 그의 긴 편지는 일종의 지렛대 받침인 셈이다. 그는 이 지렛대 받침을 딛고 서서 새 영역을 옛 영역과 통합시키려 했다.

예루살렘을 위한 모금을 위해 다른 도시들에서 장기간 동안 펼친 바울의 노력들은 그가 예루살렘의 형제들을 잊지 않고 있으며, 그들과 단절하고 중앙과 긴밀한 연결 없이 미지의 세계로 나아가고 있지 않다는 것을 옛 중심부에 보여주는 지속적인 증표였다 — 이 증표는 예루살렘에만 유효한 것이 아니라 예루살렘과 밀접한 관계를 맺고 있는 다른 도시들과, 성전의 도시요 예수의 죽음과 부활의 도시인 예루살렘에 형제들을 보내 교류하고 있는 공동체의 범위 내에 있는 모든 집단들에게도 역시 유효하다.

바울이 예루살렘과의 관계 개선을 바랐다는 것은 의심할 여지가 없다. 그러한 노력의 절정인 실제 예루살렘 여행에서뿐 아니라, 자신과 조원들이 예루살렘의 "가난한 사람들을 기억하기 위하여" 디아스포라 세계를 속속들이 다니면서 벌인 유명한 모금 활동에서도 이 관계 개선에 대한 그의 바람이 드러나 있다.

거액의 헌금을 전달하는 방법이 이렇게 극적으로 만들어진 이후에, 그 헌금의 최종 운명에 대해서는 우리는 침묵의 심연으로 굴러 떨어진다. 바울은 우리에게 더 이상 이야기해주지 않는다(로마서는

214

현존하는 그의 마지막 서신이다). 그리고 누가는, 그 거금이 어떻게 되었는지를 알고 있었다 하더라도, 그것을 우리에게 알려주려 하지 않는다.

누가는 바울과 야고보를 함께 관중들 앞에 세운다. 그런데 이 장면에서 헌금 문제는 언급되지 않는다(행 21:18-25). 야고보는 할례 받은 형제들 사이에 팽배해 있는 적개심에 대해 바울에게 경고한다. 그리고 바울에게 조언한다. 즉 바울이 나실(=맹세를 한) 단체에 속하는 네 사람의 성전 비용을 대줌으로써 그 적개심을 해소시킬 수 있다는 것이다.

그러나 이 사태에 대한 누가의 기록에서는, 야고보의 이 조언은 효과를 보지 못한다. 몇몇 유대인들이 바울이 성전 안에 있는 것을 절호의 기회로 삼아, 바울이 그의 이방인 동료들과 함께 성전을 더럽혔다고 고발했다. 그들은 바울을 체포하여 처형하려고 날뛴다(누가는 사형선고에 대한 유대 사법권과 관련된 옛 문제들을 제기한다). 바로 이때에 로마 군인들이 개입한다. 로마 군인들은 바울을 막 채찍으로 때리려고 한다. 그때 바울이 유죄 판결도 없이 로마 시민을 때릴 수 없는 법이라고 항의한다(행 22:25).

이러한 혼란 속에서 헌금은 어디로 가버린 것일까? 우리는 알지 못한다. 야고보와 그의 동료 형제들에게 어떤 대접을 받을까를 걱정했던 바울의 우려가 이것으로 확인된다는 학자들의 견해가 맞을 것이다. 그것은 누가가 기록으로 남기고 싶지 않았던 그런 종류의 정보이다 — 누가는 안디옥에서 바울과 베드로 사이에 일어난 충돌사건에 대해서도 말하지 않았다.

왜 예루살렘 형제들은 자신들을 위해 모금한 막대한 헌금을 불쾌하게 여겼을까? 슈미탈스는 야고보와 그의 동료들이 예수를 받아들이지 않은 유대인들과 — 그들의 적개심은 머지않아 야고보 자신의 목숨까지 요구하게 될 것이었다 — 대별해서 자신들의 정체성을 유지하는 데 문제가 있었다고 주장한다.

바울 일행은 대부분 할례 받지 않은 형제들인 이방인들로 구성되었을 것이다. 야고보가 이들이 가지고 온 물질적 자금을 받는 것은 그의 처지를 훨씬 더 어렵게, 심지어는 변호될 수 없게 만들 수도 있을 것이다. "예루살렘 교회는 그 당시에 이스라엘 내에 선교 사업을 펼칠 마지막 기회를 얻기 위해 분투하고 있었다. 그때 만일 예루살렘 교회가 바울의 기부금을 받는다면, 유대인들의 눈에는 예루살렘 교회가 바울과의 연대성을 천명하는 것으로 비칠 것이다. 그것은 예루살렘 교회 자체의 선교 가능성을 파괴하게 하는 위협이었다."[2]

게오르기D. Georgi는 더 나아가, 바울의 의도는 야고보가 도발적인 행동을 하도록 고의적으로 몰아감으로써, 야고보로 하여금 베드로가 안디옥에서 당한 유혹 때문에 행한 그런 위선을 행하지 못하게 만드는 것이었다고 주장한다. "[헌금을 가지고 오는] 상당수의 이방인 신도들은 [야고보에게 닥친] 난관들, 긴장 관계들, 위험한 일들을 더 악화시킬 것이다. 헌금을 무조건적으로 받아들이는 것은 그 지역 유대인 회중들의 눈에는 고도의 타협적 조치를 취하는 일로 보였을 것이다."[3]

게오르기는 바울이 종말론적인 막판 대결을 벌이려 한 것이 아닌가 하고 의심한다. 이 대결에서 바울이 유대인들에게 메시아를 받아들이도록 강제하려 했을 거라는 말이다. 이것은 어쩌면 큰 재난을 뜻하는 엄청난 짐을 가난한 사람들을 위한 헌금에 부과하는 셈일 것이다:

이와 같은 종류의 계획은 자칫 하나의 도발이 될 것 같았다. 로마서 11장 11-24절에 근거하여 판단한다면, 단순히 감지하고 있는 것 이상으로, 바울은 그것이 자신의 의도임을 공공연히 천명했다. 바울은 자기가 이방인들에게 선교하는 것과 그들이 바로 유대인들의 정면에서 그리스도 신앙에 귀의하는 것이 유대인들에게 영원히 "화 돋우기" 효과를 갖게 되기를, 그리고 유대인들의 구원이 결과적으로 그 화냄으로부터 생기게 되기를 바랐다.

그러나 바울이 마음속에 품고 있는 구원은 개별적 유대인의 구원이 아니라 하나의 우주적 종말론적 기적 속에서 일어나는 세계 전체를 포괄하는 구원이다(롬 22:25-36). 이러한 구원은 그 성격상 전체 민족들의 집단적 회개에 상응하는 것이요, 유대교 성서의 일정 부분과 유대교 어떤 분파에서 이미 있었던 것에서 예기된 것이다. 그러므로 바울의 선교는 성서 속의 예언자들의 상징적 행위와 같은 상징적 행위가 되었다.

예언자들 역시 이스라엘 민족이 전통적 구원 이데올로기에서 도출해낸 안보를 종종 교란시키려 했다. 그래서 예언자들의 경우가 그랬듯이, 이제 바울의 도발적 사상과 행동은 이스라엘과 유대의 전통에 중하게 근거했다. 이러한 전통은 필요한 상징적인 준거 틀[4]을 마련해주었다.[5]

그러나 만일 바울이 그 거대한 막판 대결과 역사의 종결을 일으키기 위해 예루살렘에 올라가는 것이었다면, 왜 로마를 방문하고 스페인에 복음을 전하려는 계획을 짜고 있었을까? 한편으로 그는 유대인들의 도발보다 야고보와 형제들의 감정을 상하게 하는 것을 더 염려한 것처럼 보인다.

슈미탈스와 게오르기가 바울이 예루살렘을 위한 모금활동에 정력적이었다는 데서 어느 정도의 깊이 있는 신학적 의미를 찾는 것은 옳다고 인정되어야 한다. 그 의미의 본질을 다시 찾기는 어렵다. 바울은 자신의 비밀을 그의 마지막 몇 년을 덮어버린 어둠 속으로 가져갔다.

218

사태를 바라보는 그의 시각이 일반적으로 예루살렘에 있는 야고보와 형제들[6]의 시각과 달랐다는 것은 확실한 것 같다. 그렇지만 그는 극적인 마지막 예루살렘 여행에서 화해를 이루어내려 했다고 볼 수 있다. 그는 야고보가 전에 자신을 소환했기 때문에 예루살렘에 온 것이 아니라 '환상' 때문에[7] 왔다는 것을 드러내려고 신경을 곤두세운 적이 있다.[8]

그런데 이와 대조적으로 자신의 마지막 여행에서 바울은 이전 여행 때에 부과된 의무, 즉 가난한 사람들을 기억하라는 그 합의에 응하고 있는 것이라고 말한다. 이것을 넘어, 그는 자신과 모든 디아스포라 유대인들이 예수의 구원 행위가 일어난 본 무대에 지고 있는 엄청난 영적 부채를 갚고 있는 것이었다.

예루살렘 신도 공동체들과 디아스포라 신도 공동체들 사이에 약간의 충돌이 있었다는 것을 인정할지언정, 바울이 원래의 계시("복음")와 예수 계시의 본래 무대에서 이탈했다는 견해를 인정할 수 없지 않을까? 우리는 여기서 '처음'의 오류에 빠져 들지 말아야 한다.[9] 예루살렘 신도 공동체들이 디아스포라에 사는 신도들보다 예수의 삶과 죽음 그리고 의미에 더 가까이 있다고 쉽게 억측할 수 있을 것이다. 그러나 신도 공동체들에 관해 우리가 가지고 있는 첫 기록들은 바울에게서 나왔다는 사실을 기억해야 한다.

예루살렘에 임석해 있었다는 사실이 신빙성을 보증하는 것은 아니다. 실제로 야고보와 주님의 다른 형제들[10] — 주님은 요셉, 유다, 시몬을 포함하여 형제 넷이 있었다(막 6:3) — 이 예수의 사후에 실권을 가진 지위에 오른 것은 놀랄 일이다. 그들은 예수가 살아 있었을 당시에 그와 사이가 나빴다. "예수의 형제들까지도 그를 믿지 않았다"(요 7:5)라고 기록되어 있다. 사실 그의 가족들은 "그를 붙잡아서 가두어두려 했다"(막 3:21). 예수는 자기 어머니를 포함하여 가족 구성원들에게 눈에 띌 정도로 냉담했다(막 3:33-35, 눅 11:27-28, 요 2:4).

예루살렘과 바울의 공동체들 사이에 어떤 균열이 있다면, 우리가 가장 먼저 주의를 기울여야 할 것은 누가의 예루살렘 기록보다 바울이 시간적으로 선행되었다는 것이다. 베드로와 바나바의 충돌에서 바나바와 바울이 같은 편에 서게 되었다는 사실을 기억하라(고전 9:6). 마찬가지로 베드로와 바울은, 똑같이 로마에서 죽은 것을 포함해 (야고보에게서 멀리 떨어져서) 부단한 디아스포라 선교에 있어서 같은 편에 섰다.

예수의 진정한 의미는 야고보의 복음이 아니라 바울의 복음에서, 예루살렘이 아니라 디아스포라에서 찾을 수 있다. 복음서들 역시 디아스포라에서 기록되었다. 우리는 이 사실을 주목해야 한다. 복음서들이 예루살렘에서, 심지어 유대에서 기록되었다고 주장하는 사람은 이제 소수에 지나지 않는다.

❖ 누가의 연대기

누가가 쓴 바울 기사에 대한 논쟁의 많은 부분은, 누가가 예루살렘 회의를 바울의 선교 연대기의 어디쯤에 놓았느냐 하는 문제와 관련이 있다. 바울의 선교 연대기에 관해서는 지금까지 누가가 제일가는 (몇몇 사람들에게는 유일한) 안내자로 되어 있었다. 누가의 기사를 될 수 있는 대로 많이 보존하려는 경향이 오랫동안 있어왔다. 누가가 유일하게 전체 이야기에 확정된 (상대적인 것이 아닌) 연대를 제공한다고 생각했기 때문이다.

누가는 바울이 첫번째 고린도 여행에서 총독 갈리오 앞에서 재판을 받았다고 말한다(행 18:12). 델피에서 발견된 한 비문은 갈리오의 총독 재임기간을 서기 51-52년으로 잡아준다. 이것이 나머지 모든 연대를 추정할 수 있는 추축이 되었다. 이것은 먼저 일어난 일인지, 뒤에 일어난 일인지를 판가름하는 유일하고 확실한 기준점으로 인정되었다.

그러나 녹스John Knox는 이 기준점의 관념적 유용성을 누가가 창안한 것으로 돌렸다. 누가는 고린도 여행을 예루살렘 회합 이후, 즉 서기 52년으로 늦게 놓음으로써 바울의 그 이전 활동은 바나바 밑에서 한 일종의 견습생 활동이었다는 것과, 유럽의 이방 세계로 진출한 것은 예루살렘 결의안의 보호 아래 이루어졌다는 것을 암시할 수 있었다.

　그런데 이것이 사실이라면, 지금까지 보존되어 있는 바울의 활동과 서신들은 서기 52년 이후에 집중되는 이상한 결과가 생긴다. 바울은 죽기 전 겨우 10여 년 기간 중에서 많은 시간 동안을 (누가의 기록에 따르면) 감옥에서 허비했다. 그렇다면 예루살렘 회합 이전의 17년은 상대적으로 결실이 없었던 셈이 된다. 다른 한편, 만일 바울의 활동과 저술이 마지막 10년간에 압축되었다면, 그 시기의 많은 시간들을 예루살렘을 위한 그의 모금 활동에 바치고 있었다고 하면, 이 활동은 대단히 길게 늘어진 것처럼 보인다.

　녹스는 그 대신, 바울이 최종적으로 예루살렘 '회의'에 올라갔을 때에 "그는 그의 생애의 절정기에 도달했었다. 그는 갈라디아와 아시아[11]에서, **마케도니아와 그리스에서**(강조는 필자) 열심히 일했다"[12]고 주장했다.

　어떤 이들은 예루살렘 회합 이전의 시간을 17년에서 14년으로 깎아내림으로써 이 문제를 축소하려고 한다. 그들은 바울이 예수의 부르심을 받은 지 3년 후에 처음으로 예루살렘에 올라갔고, 그 다음에 14년간 멀리 떠나 있었다고 말할 때에는,[13] 두번째 기간을 자신의 소명 사건에서부터 계산하는 것이지, 첫번째 예루살렘 방문에서부터 계산한 것이 아니었다고 주장한다. 만일 어떤 사람이 3년 후에 어느 곳에 갔다가 14년 후에 다시 갔다고 말한다고 하면, 기준점은 똑같은 것이다 — 기준점은 방문의 시점이지 그보다 먼저 있었던 어떤 사건이 아니다.

연대기적 도표 위에 드리워 놓은 누가의 주술을 녹스가 깨뜨렸을 때, 사람들은 사도행전의 기사에서 많은 것들이 틀렸다는 것을 알기 시작했다. 이것은 심지어 누구나 의존했던 단 하나의 확정된 연대, 즉 서기 51-52년에 바울이 갈리오 앞에 선 것에 대해서도 회의를 품게 만들었다. 아켄슨D. H. Akenson은 다음과 같이 썼다:

이 연대는 소중하게 여겨진다. 왜냐하면 사울 생애의 모든 상대적 연대기[14]가 갑자기 실세계의 "객관성"에 매달릴 수 있기 때문이다. 그것은 그 위대한 사도와 관련된 엄청난 양의 자료 안에서 유일하게 절대적인 기점基點 연대로 자주 인용된다.

우리는 그것이 정확한 것이기를 간절히, 간절히 원한다. 그러나 이 규칙을 기억하라: 사도행전이 이 연대를 점검할 수 있는 많은 쟁점에 대해 부정확하다는 것이 입증되었기 때문에, 이 사건은 일어나지 않았다는 것이 추정의 발판이 되어야 한다. 사울의 서신에서 확인되지 않은 사건들 중에서, 이 사건은 사도행전에 보도된 다른 어떤 사건과도 다르지 않다. 그래서 우리가 절대적 연대의 편리를 아무리 필사적으로 요망하더라도, 우리는 그것을 신뢰할 수 없는 것으로 (다시 말하면, 반드시 거짓된 것은 아

니지만 신뢰한다고는 할 수 없는 것으로) 제쳐놓아야 한다.[15]

어떤 이들은 갈리오 이야기에 누가의 신학적 계획이 반영되어 있다고 보았다:

> 그것은 모두 바울의 역사이기보다 누가의 비유 이야기에 훨씬 더 가까운 것이다. 그것은 정말로 유대인들의 고발, 바울의 무죄 그리고 로마의 방면을 누가가 최초로 그리고 가장 범례적으로 조합한 것이다.
> 고린도의 재판석을 그린 그림을 보라. 그리고 그것을 그리스도교 일반에 대한 로마의 적절한 태도를 뜻하는 누가의 은유로, 그리고 특별히 바울에 대한 로마의 합당한 반응을 뜻하는 누가의 상징으로 보라. 그러나 이 책에서는 어떤 것도 고린도에서 갈리오와 만난 사건의 역사적 실제성을 추정하거나 그 정보를 근거로 바울의 연대기적 전기를 구성하지 않는다.[16]

물론 우리는 누가의 연대기를 변경하기 위해 바울이 갈리오에게 재판을 받지 않았다는 결론을 내릴 필요는 없다. 바울이 고린도에 두 번 나타난 것은 확실하다. 세번째는 특별한 일로 갔을 것이며 아마 그 이상 여러 번 갔을 것이다(이것은 세심한 주의가 필요한 문젯거리였다). 조금 뒤의 방문 때 바울은 어떤 사법적 사건으로 갈리오에게 걸려들었을 것이다.

이러한 추론은 누가의 시간표를 따지는 데 있어서 점점 늘어나고 있는, 녹스의 회의주의를 따르는 학자들의 견해에 꼭 맞을 것이다. 그들은 바울이 예루살렘 회합 이전에 그의 복음을 유럽에 가져왔다고 믿는다. 그런데 누가는 이 예루살렘 회합이 바울의 유럽 선교를 유효하게 했다고 본다. 더 이상 그는, 이방 민족들에 대한 선교 사명을 받았으나, 그러고 나서도 예루살렘에서 명망 있는 지도자들에게 축복을 받기 위해 그 사명을 17년 동안 (또는 14년이든 얼마든 간에) 미룬 것으로 보일 필요가 없다. 옛 연대기를 이렇게 수정하게 되면, 우리는 누가의 손으로 각색된 "예루살렘화된" 바울의 생애로부터 본래적 바울을 회복시키게 된다.

❙ 주 ❙

1) "형제들"은 예수를 믿는 신도들을 가리킨다.

2)* Walter Schmithals, *Paul and James* (Alec R. Allenson, 1965), p. 82.

3)* Dieter Georgie, *Remembering the Poor: The History of Paul's Collection for Jerusa-lem* (Abington Press, 1992), p. 125.

4) "준거 틀"(frame of reference)은 "준거 체계"라고도 번역할 수 있다. 그것은 관계를 지어 주는 틀인데 개념·가치·습관·사물을 보는 방식 따위의 구조를 가리킨다. 이것에 의거 하여 개인이나 집단의 자료를 평가하고 행동을 규제한다.

5)* Dieter Georgie, *Remembering the Poor: The History of Paul's Collection for Jerusalem* (Abington Press, 1992), p. 118.

6) "형제들"은 예수를 믿는 신도들을 가리킨다.

7) 갈라디아서 2:2의 "계시를 따라"라는 어구를 저자는 "'환상' 때문에"로 풀이했다.

8) 이것은 그의 2차 예루살렘 방문, 즉 이른바 "사도회의"가 일어난 경위를 서술한 것이다 (갈 2:1-2).

9) "'맨 처음 것'(firstness)의 과오"라는 것은 맨 처음에 생긴 내용/형태를 정오(正誤)의 기준 으로 삼은 데서 생기는 과오를 뜻한다.

10) "형제들"은 육신의 형제들을 가리킨다. 영어의 brother[s]라는 낱말은 형인지 아우인지 를 분간하지 못한다. 만일 형들이라면, 요셉의 전처가 낳은 아들들로 봐야 하며, 동생들 이 포함되어 있다면, 가톨릭교회의 마리아의 평생동정설에 부응하기 위해서는, 주님의 사촌 동기들로 보아야 한다.

11) "아시아"는 그 당시의 로마제국의 행정구역인 '아시아 주'를 가리키는데 터키 반도의 서 부 지역에 해당한다.

12)* John Knox, *Chapters in a Life of Paul*, revised edition (Peeters, 1987), p.40.

13) 바울은 갈라디아서 1:18에서 "삼 년 뒤에" 예루살렘에 올라갔다고 했다. 이 경우에 시간 계산의 기점이 다마스쿠스 사건임은 논란의 여지가 없다. 바울의 제2차 예루살렘 방문 은, 갈라디아서 2:1에, "그 다음에 14년이 지나서" 있었다고 기록되어 있다. 이 14년이라 는 기간의 기점이 그의 제1차 예루살렘 방문이냐, 그의 다마스쿠스 사건이냐를 두고서는 의견이 양쪽으로 팽팽히 갈라져 있다.

14) 상대적 연대기는 바울의 생애 내에서 어떤 일이 다른 어떤 일과 견주어서 몇 년 전에 또 는 후에 일어난 것인지를 표시하는 것이다. 절대적/객관적 연대기는 그 일이 객관적 연 대, 예를 들어 서기 연대로 몇 년에 일어났는지를 표시하는 것이다.

15)* Donald Harman Akenson, *Saint Paul: A Skeleton Key to the Historical Jesus* (Oxford University Press, 2000), p. 142.

16)* John Dominic Crossan and Jonathan L. Reed, *In Search of Paul: How Jesus's Apostle Opposed Rome's Empire with God's Kingdom* (Harper: SanFrancisco, 2004), p. 34.

제9장

바울과 로마제국

바울이 로마서를 쓴 이후로, 우리는 바울이 한 어떤 말도 들을 수 없다. 그의 예루살렘 여행, 거기서 받은 대우, 그리고 재판을 받으러 간, 마지막으로 추정되는 로마 여행에 대해서는 누가의 사도행전에 의존해야 한다.

누가가 제시한 예루살렘 사건들에 대한 열쇠는 바울의 로마 시민권이다. 유대인들은 그를 죽이려 했다. 그런데 그는 로마에서 재판받을, 로마 시민으로서의 권리를 주장했다 ─ 이 의심스러운 권리는 바울의 시민권을 포함하여 누가의 기사 안에 있는 많은 의심스러운 일들 가운데 하나이다.

바울은 결코 로마 시민이라 자처하지 않았다. 실제로 그는 자기가 재판 받으러 간 로마의 행정장관의 이름을 말하지 않았다. 그가 밝힌 이름 가운데 이와 가장 가까운 것은 로마의 속국 왕들 중 하나인 아레다에 대한 언급이다. 즉 아레다 왕의 공작원이 다마스쿠스에서 자기를 체포하려 했다는 것이다(고후 11:32) — 이 사건에 대한 누가의 전언에는 로마 관련이 생략되어 있고 단순히 유대인들이 바울의 살해를 기도했다고 말한다(행 9:23-25).

바울이 언급하는 유일한 실제 로마 관리는 고린도에서 재무관(*oikonomos*)으로 지방 관리직에 있었던 로마의 한 신도이다(롬 16:23). 바울이 로마서에서 안부 인사말을 건네는 사람들의 명단에 이 사람을 뽑아 넣은 것은 그의 직위 때문이 아니다. 에라스도는 흔한 이름이기 때문에, 바울은 그 사람을 에라스도라 불리는 다른 사람들과 구별하기 위해 "재무관 에라스도"라 불렀을 것이다.

바울이 로마 제국의 시민이었다는 누가의 주장을 의심할 이유는 많이 있다. 바울은 자기가 유대인들에게 다섯 번 매를 맞은 것 말고도, 로마 관리들에게 세 번 채찍질 당했다고 했다(고후 11:25)[1] — 그러나 로마 시민을 채찍질 하는 것은 위법이었다. 키케로Cicero가 베레스Veres의 2차 공판에 부쳐 말했다: "로마 시민을 사슬로 매는 것은 금지되어 있다. 로마 시민을 채찍질하는 것은 범죄다. 로마 시민을 사형에 처하는 것은 실지로 일종의 존속살해 행위이다."

이러한 보호장치에 몇몇 예외사항이 있었던 게 발견된다. 그렇지만 바울의 경우에는 여덟 가지 서로 다른 계기에(아마도 여덟 군데의 다른 지역에서) 예외적 상황이 발견되었다고 상상해야 할 것이다. 이것은 로마인들이 자신의 법을 정규적으로 자주 어기고 있었을 뿐만 아니라, 유대인들이 한 명의 로마 시민을 자신들의 회당에서 채찍질함으로써 관청의 분노를 거듭해서 자극했다는 결론을 내리게 하기 때문이다.

(이 문제에서 그리고 다른 많은 영역에서) 누가의 의심스러운 기사를 뒷받침하기 위해 사람들은 어디까지 밀고 나가는가? 리스너Rainer Riesener가 이 물음에 대표적인 모습을 보여준다. 그는 바울이 좀 더 예수처럼 되기 위해 채찍질 형벌 면죄권을 포기했다고 말했다: "우리는 그 사도가 고난당하시는 그리스도에 대한 자기 관점의 이해에서 그러한 학대를 의식적으로 자기 몸에 받아들였다고 상상해야 하지 않을까? 우리는 세속화된 현대 기독교에 낯선 현상을 섣불리 정신병리적인 것으로 분류하는 데 조심해야 한다."[2]

이미 간질병으로 몸부림치는 처지에 있는 데다가, 해야 할 선교 사업이 있는 때에 바울이 자신의 건강을 기꺼이 더 큰 위험에 내던지려고 했으리라고는 전혀 생각할 수 없다.

누가의 기사를 따르면 바울의 시민권은 그에게 나쁜 작용을 했다. 바울은 예루살렘의 유대인들이 자기의 목숨을 노리고 매복해 있다는 사실을 알았다. 그런 상황에서 가이사랴의 지사 베스도가 바울을 예루살렘으로 보내려고 위협했을 때, 그는 보호책으로 자신의 시민권을 들먹였다(행 25:9). 그러나 베스도는 그 사건을 로마에 회부한 후에, 유대의 통치자인 아그립바를 초청하여 바울의 범죄 혐의에 대한 심문에 임석하게 했다.

아그립바 왕은 바울에게 너무나 감명을 받아서 "그대는 짧은 말로[3) 나를 설득하여 그리스도인으로 만들려 하는구나"(행 26:28)라고 말하였다. 아그립바는 베스도에게 조용히 말했다(누가는 이것을 어떻게 알았을까?): "그 사람이 황제에게 상소하지 않았더라면, 석방될 수 있었을 것이오"(행 26:32). 바울은 결국 자신의 법적 "보호장치"의 포로가 되는 것으로 끝났다.

누가가 로마 관리들을 다루는 방식은 모든 면에서 의심스럽다. 누가는 바울이 예루살렘—가이사랴에서 네 개의 다른 심판대 앞에 서도록 인위적으로 배열한다. 여기서 바울은 빛을 발하고 공감을 얻는다. 지사의 아내가 바울에게 설득당하여 그를 지지하게 된 경우도 있었다(행 24:24). 누가는 아마 빌라도의 아내가 예수를 동정했던 이야기를 알고 있었던 것 같다(마 27:19). 그 이야기를 자기 복음서에 이용하지는 않았지만 말이다.

어쨌든 누가는 예수가 받은 심문들 — 대제사장들 앞에서, 산헤드린 앞에서, 로마 총독 앞에서, 헤롯 왕 앞에서 — 과 유사한 재판정들 사이를 오가면서 받은 바울의 심문들 간에 많은 유사점을 끌어낸다. 이것은 누가가 예수의 죽음과 스데반의 죽음 간의 유사점들을 창작하는 데 사용한 것과 동일한 기법이다.

누가는 로마 당국에는 나긋나긋한데 유대 당국에는 거칠다. 누가는 그 도[4]를 따르는 사람들에게, 친절한 관리들과 부자들에게, 거의 속물적인 관심을 가지고 있다. 이것은 누가의 교회들이 로마 제국과 좋은 관계를 가져야 할 필요성을 반영하고 있는 것이다. 우리는 누가가 바울과 예루살렘 형제들 사이의 충돌들을 감추거나 완화시키려고 노력하고 있다는 것을 이미 알고 있다. 누가는 안디옥에서 일어난 바울과 베드로의 충돌을 생략했을 뿐만 아니라, 바울이 마지막 예루살렘 여행에서 이상하게 영접을 받는 이야기를 들려준다.

바울은 유대인 형제자매들을 위해 모금한 헌금을 전달하기 위해 예루살렘에 갔었다. 바울은 야고보가 그 헌금을 기꺼이 혹은 고맙게 받아주지 않을까봐 걱정했다 — 누가는 그들을 만나게 했으면서도 그 문제에 대해 논의조차 하지 않은 것을 보면, 야고보가 기꺼이 받지 않은 것은 분명하다. 분명히 그것은 불가능한 일이었다. 그로 인해 무슨 일이 일어났든지 간에 그 일은 누가의 의도를 난처하게 하는 것이었기 때문에, 그는 기록에서 그것을 삭제해야 했다.

그 대신 야고보가 유대인들의 적개심에 대해 바울에게 경고하는 것으로 나타난다. 야고보는 유대인들의 적의를 누그러뜨리기 위해서는 바울이 성전에 가서 몸을 정화해야 한다고 제의했다. ("부정한" 나라들을 여행한 후에 취하는 아주 정상적인 절차였다) — 그리고 헌금을 건네주는 대신, 나실인(맹세한 사람) 몇 사람이 치러야 할 정결 의식에 드는 비용을 충당할 돈을 희사하라고 제안했다. 이 조언 역시 역효과를 낸다. 왜냐하면 바울이 성전을 더럽히고 있다고 주장하는 유대인들에게 바울이 체포당한 것은 성전 안에 있는 동안이었기 때문이다. 이 유대인들이 바울을 신문하고 사형 선고를 받도록 로마인들에게 넘긴다.

이 모든 일은 수상한 냄새가 난다. 누가는 일찍이(행 18:18) 바울이 여행 중에 나실인 서원을 하게 만들었는데, 서원(히브리어 "나시르"는 "서원"을 뜻한다) 기간이 끝나기까지 그의 머리털이 자라게 내버려둔다. 누가는 왜 바울이 그런 행동을 해야 했었는지 말하지 않는다. 그런데 그것은 이방인들의 행위를 용인받게 하려는 바울의 전체 운동에 위배된다. 이 서원은 바울에게 전혀 어울리지 않는다. 왜냐하면 나실인 서원에는 "부정한" 것들을 극단적으로 피하는 것이 포함되기 때문이다(민 6:2–21). 그렇지만 바울은 이렇게 말했었다: "나는 주 예수를 의지하여 아무것도 그 자체로 부정하지 않다는 것을 압니다. 다만 어떤 사람이 그것을 부정하다고 생각하는 경우에만, 그 사람에게 부정한 것이 됩니다"(롬 14:14).

누가는 바울을 가이사랴 감옥에 2년간 감금한 후에 로마로 보낸다. 그리고 로마로 가던 중 파선을 당하는 사고로 몰타 섬에서 또 석 달을 보내게 한다. 마침내 로마에 도착해서 그는 가택 연금 상태에 놓이게 되고, 재판을 기다리는 동안에 관대한 대우를 받는다 — 그리고 나서 다음에 무슨 일이 일어나는가? 그다음에는 아무 일도 일어나지 않는다.

전승에는 바울과 베드로가, 큰 무리의 형제자매들과 함께, 서기 64년 로마 시 화재의 희생양으로 네로 황제에게 죽임을 당했다는 이야기가 전해진다. 이 화재는 그 도시의 14개 지구 중에서 10개 지구를 파괴한 대 참사였다.

전승은 바울은 참수형을 당하게 만들고 베드로는 십자가 처형을 당하게 만들었다. 왜냐하면 바울은 로마 시민이므로 십자가 처형을 당할 수 없었기 때문이다. 실제로 타키투스Tacitus의 기사에 들어 있는 십자가 처형 부분은 원고가 심하게 부패되었다. 그래서 그 부분은 베드로의 죽음에 대한 전설에 맞추기 위해 어느 그리스도인 필경사의 손으로 첨가되었을지도 모른다.

타키투스는 네로의 희생자들에게 가장 "원시적인(*quaesitissimae*)" 형태의 극형이 내려졌다고 말했다. 타키투스는 그들에게 짐승 가죽을 씌우고 개들을 풀어서 발기발기 찢게 하거나, 그들에게 역청을 칠해서 밤에 불을 붙여 정원 등불로 사용한 것을 상세히 기술했다. 십자가 처형은 '원시적인' 형태의 처형이 아니라 흔한 형태의 처형이었다. 십자가 처형은 타키투스의 표현에 포함되지 않는다.

누가가 이 이야기를 하기를 원치 않았던 것은 놀랄 일이 아니다.

네로는 누가가 추구했던 가장 큰 주제 중 하나인, 그리스도인들은 로마 당국의 존경을 얻었던 평화 애호가들이었다는 것을 파괴했다. 만일 그들이 존경받는 소수였다면, 네로가 화재의 책임을 그리스도인 형제자매들에게 떠넘기려 할 수 없었을 것이다. 타키투스는 네로가 그리스도인들을 고문하는 것을 "대중의 오락거리"로 삼았다고 했다. 왜냐하면 희생자들은 "인류 사회의 적들"이었기 때문이다.

그런데 타키투스는 누가가 말하고 싶었던 교회 성장사에 훨씬 더 해로운 이야기를 했다. 즉 그는 막대한 대다수의 희생자들은 그들 자신과 한 패에 속한 밀고자들의 배신으로 신원이 알려졌다고 한 것이다.

바울의 편지에서 화해시키려고 했던 파당, — 즉 유대인 형제자매들[5]과 이방인 형제자매들[6] —은 서로 이전보다 훨씬 더 적대적이 된 것이 분명하다. 이것은 로마의 클레멘트Clement[7]가 쓴 편지에서 확인해볼 수 있다. 타키투스는 그의 연대기(Annals, 15.44)에서 이렇게 말했다:

네로는 [자신이 그 화재를 일으켰다는] 소문을 잠재우기 위해 대용할 범죄자를 찾아내, 그들을 가장 원시적인 갖가지 형태의 극형에 처했다. 이들은 통속적으로 그리스도인들이라 불리는 사람들이었는데, 혐오스러운 행위(*flagitia*) 때문에 미움을 받는 집단이었다. 그들은 티베리우스 황제 치하 때에 총독 본디오 빌라도에게 처형당한 그리스도라는 사람에게서 그 이름을 땄다.

이 나쁜 미신은 이렇게 해서 한동안 억제되었으나 나중에 또다시 발생했다. 혼란의 근원인 이것은 단지 유대에서만 일어난 것이 아니라 우리 도시에도 일어난 현상이다. 이 도시에는 이국적이거나 역겨운 모든 것들이 흘러 들어와서 추종자를 만든다. 처음에는 (이 미신을) 공공연히 행하는 사람들이 체포되었다. 그런데 그들의 내부 밀고로(*indicio eorum*) 엄청난 무리가 체포당했다. 죄목은 불을 지른 것뿐만이 아니라 인류 사회의 적이었다는 것이다.

그들의 처형은 일종의 대중적 오락(*ludibria*)거리가 되었다. 그들에게 짐승 가죽을 씌워 꿰맨 다음에 개들이 그들을 물어뜯도록 내던졌다. [또는 그들은 십자가 처형을 당하거나 횃불…] 또는 어두워진 후에 그들에게 불을 붙여서 등불로 사용하게 했다. 네로는 자신의 정원을 그런 전시장으로 바꾸었고 서커스에서 그들을 노리갯감으로 삼았다. 거기서 네로는 전차 모는 사람으로 분장하여 군중 속에 끼었다 — 그래서 희생자들이 극형을 받기에 마땅한 죄를 지었음에도 불구하고, 동정하는 반응들이 생겼다. 왜냐하면 그들이 모든 사람의 안전을 위해서 아니라 한 사람의 가학망상증을 만족시키기 위해 이용되는 것으로 보였기

236

때문이다.

이 구절은 처음에는 네로의 요원들이 형제들[8]이 아닌 몇몇 유대인들을 체포했고 그들이 형제들[9]인 유대인들을 밀고했다는 것을 의미하는 것으로 해석할 수 있다. 그러나 어떤 일이 일어났는지에 대한 가장 좋은 (간접적인 것이긴 하지만) 증거는 앞에서 언급한 로마의 클레멘트가 쓴 편지에서 얻을 수 있다.

그는 로마 시의 전체 그리스도인 공동체를 대신해 필경사로서 편지를 쓰는데, 그 편지의 작성 연대는 서기 90년대이다 — 즉, 로마 시의 화재에 대한 네로의 반응 이후 약 30년이 지난 시기이다. 클레멘트의 시대에는 고린도에 사는 형제자매들은 여전히 시끄러운 내부 갈등에 빠져 있었고, 로마의 형제자매들은 조용히 상담해주는 편지를 쓰면서 이전에 그들의 공동체를 찢어놓았던 적대감에 대해 말했다.

클레멘트의 편지는 길다. 그 편지는 분쟁(*eris*)과 분열(*division*)을 비난하고 서로에게 용서와 사랑을 요구하는 많은 증거 본문을 성서에서 끌어와서 주의 깊게 논증한다. 이 편지는 몇십 년 전 바울이 고린도 사람들에게 보냈던 내용을 인용한다. 그것은 사랑을 최고로 찬양한 것이다.

이 모든 논증이 (멀리 떨어져 있는) 다른 또 하나의 공동체에 충고

하는 장거리 통화를 위해 기획된 것이 아니라고 생각하는 것이 합리적이다. 이 논증들은 베드로와 바울을 죽음으로 몰고 간 문제들을 포함해, 로마 공동체 자체의 문제를 해결하려고 시도하는 가운데 나왔을 것이다.

이것들은 "경쟁심"[10]의 결과에 대한 일련의 "사례 연구"의 정점에 놓여 있다. 이 사례들에는 자신의 가족이나 동료들에게 당하는 배반이 포함되어 있다. 따라서 베드로와 바울의 죽음 역시 그러한 배반을 포함해야 한다. 그렇지 않으면 이 서신의 수신자들을 위해 대등한 사례들을 선택할 이유가 없을 것이다. 동일 사례들로 구성한 문단은 두어반복頭語反復 수사법을[11] 사용하여 신중하게 작성되었다:

경쟁적(rivalrous) 감정은 가인이 아벨을 죽인 형제살해를 일으켰다. 경쟁심(rivalry)으로 조상 야곱은 자기 형 에서가 있는 자리를 피하여 도망갔다. 경쟁심은 요셉을 죽음의 위협 속에 몰아넣고 종살이를 하도록 팔려가게 했다. 경쟁심은 모세에게 "누가 너를 우리의 지도자와 재판관으로 세웠느냐? 어제는 이집트 사람을 죽이더니, 오늘은 또 나를 그렇게 죽이려 하는가?" 하고 자기 동족이 물었을 때, 모세가 바로 왕에게서 도망갈 수밖에 없게 만들었다. 경쟁심 때문에 아론과 미리암은 진영 밖으로 추방당했다. 경쟁심은 다단과 아비람을 산 채로 하데스로 데려갔

238

는데, 그들이 모세를 따르는 사람들 사이에 분열(*stasis*)의 씨앗을 심었기 때문이다.[12] 경쟁심 때문에 다윗은 타국인들의 원한을 샀을 뿐 아니라 이스라엘의 왕인 사울에게 추적을 당했다.

옛 사례들은 이만하면 충분하다. 이제 우리는 근래의 영광스러운 수상자(*athlētai*)들에게 눈길을 돌리자. 우리 시대의 모범을 보기로 들어보자.

경쟁심 때문에 베드로는 한두 가지가 아니라 수많은 시련을 당했으며, 증인으로서 자신의 목숨을 바치고 영예로운 지위를 얻었다. 경쟁적 투쟁에서 바울은 인내의 상패를 거머쥐게 되었다. 감옥에 일곱 번이나 갇혔고, 도망을 다녀야 했고, 돌에 맞았지만, 동방과 서방 양쪽에서 신앙의 전령이었던 이 사람은 하나님의 의에 대한 믿음과 가르침으로 뛰어난 명성을 얻었다. 그는 서방 세계의 끝에 도달한 후에 당국에 자신의 생명을 증거로 제공하고 이 세상을 피하여 인내의 원형인 신성한 경지에 들어갔다.(제1 클레멘트 편지 4-5장)

바울이 로마에서 죽었다는 것은 누가의 사도행전이나, 다른 신약 성서에나, 심지어 몇 년 늦게 기록된 후기 바울 서신들에서도 언급되어 있지 않지만, 클레멘트 서신은 그 사실을 명백히 한다. 그것은 이 편지를 쓴 공동체가 그 두 사람의 죽음에 대한 자세한 내용을 정통하게 보여주기 때문이라기보다, 그들의 죽음을 두 사람의 "경쟁적/대립적 감정" 탓으로 돌렸기 때문이다 — 이것은 타키투스가 로마의 그리스도인 밀고자들에 대해 쓴 것과 완벽하게 일치한다.

이 서신은 몇 년 뒤에 안디옥의 이그나티우스가 쓴 편지로 더욱 확실하게 증명된다. 이그나티우스는 로마로 가는 길에서 순교당하기를 원한다고 말하면서 형제자매들에게 그것을 막지 말라고 요청했다. 그리고 다음과 같은 말을 덧붙였다: "나는 베드로와 바울이 그랬던 것처럼 여러분에게 의무를 지울 수는 없습니다. 그들은 사도였으나 나는 죄수에 지나지 않습니다. 그들은 자유인이었으나 나는 노예입니다"(로마인들에게 보내는 편지 4 · 3).

흥미로운 것은 클레멘트도 이그나티우스도 베드로와 바울을 사도 외에 다른 무엇이라고 서술하지 않는다는 것이다. 이그나티우스는 안디옥의 감독인데, 그 역시 안디옥에서 신도들에게 배신을 당했다. 그는 자신의 감독직을 이용해 다른 지역의 감독에게 편지를 썼다. 그러나 로마의 감독에게는 편지를 보내지 않았다. 베드로는 결코 로마의 감독이 아니었다. 베드로는 그곳에 뒤늦게, 바울보다도 더 늦게 온 사람이었다. 바울은 로마에 있는 형제자매들에게 편지를 쓰면서 그 속에 베드로를 포함시키지 않았다.

클레멘트가 배신당한 사람들 가운데 극적인 실례를 들기 위해 바울을 아껴두었으며, 바울의 이력을 베드로의 이력보다 훨씬 더 충실하게 기술했다는 사실을 주목해야 한다. 그것은 놀랄 일이 아니다.

바울이 로마서를 써 보내기까지는 큰 무리의 동료 선교사들을 로마에 집결시켰다. 누가가 제시하는 것처럼, 예루살렘 여행이 바울에게 소기의 성과를 주지 못했다면, 그 헌금이 제대로 받아들여지지 않았다면, 유대인들이 (그들이 예수를 믿는 형제들이든 아니든 상관없이) 말썽을 일으켜 바울의 예루살렘 방문을 몇 년 간 지연시켰다면, 그런 일이 있었다면 바울의 조직원들이 구성되어 이방인 선교를 할 시간이 있었을 것이며, 계획된 사업을 위하여 새 신도들을 만들었을 것이다. 이것은 타키투스가 희생자들을 잡는 그물에 붙잡힌 거대한 무리(*multitudio ingens*)의 신도들에 대해 말할 수 있었던 사실과 어떤 관계가 있을 것이다.

또한 우리가 기억해야 할 것은 소수가 이들 다수를 밀고했다는 사실이다. 이것은 글라디우스 치하에서 6년간의 망명 끝에 돌아온 유대인 형제자매들이, 자신이 있던 그 자리에서 번창하고 있는 이방인 형제자매들의 공동체를 보게 되었다고 생각해야 할 것이다 — 헌신적인 바울 추종자 집단이 그 상황에 뛰어들어 바울이 없는 동안 영향력을 확대했다는 것은 말할 필요도 없다.

바울과 베드로는 둘 다 배반당한 편에 속한 사람이었다 — 그들은 유대계 그리스도인들이었지만, 디아스포라의 사도로서 자신들의 신분에 걸맞게 이방계 그리스도인들의 편에 섰을 것이다.

클레멘트는 바울에 대해 뭔가 좀 더 많이 말해주는 것 같다. 누가는 바울이 로마에 가서, 아마도 총독 베스도가 써 보낸 어떤 고발 내용 때문에 재판을 받기 위해 가택 연금 상태에 있었다고 말한다 — 누가는 예루살렘의 유대인들 사이에서 말썽을 일으켰다는 것 이상의 고발 내용을 암시하지 않는다.

클레멘트는 바울이 예루살렘에서 비롯된 어떤 법적 소송 사건 때문에 죽임을 당했다고 말하지 않는다. 그는 훨씬 더 흥미로운 이야기를 한다 — 즉 "바울이 서방의 끝에 도달해 온 세상을" 가르쳤다는 것이다. 이것은 예루살렘에서의 일이 실패로 끝난 후에 그가 자신의 선교 단원을 이끌고 스페인으로 갔다는 것을 뜻한다.

전설에는 열두 제자 가운데 하나인 야고보가 스페인에 복음을 전한 선교사였다고 한다. 그러나 그 일을 한 것은 바울이고, 일단의 선교 단원들과 함께 그곳에 가려고 했던 그의 세심한 계획이 많은 장애에도 불구하고 결국 이루어졌다는 것이 훨씬 더 현실성 있고, 훨씬 더 그럴 듯하다.

그런데 사실이 그렇다면 왜 이 선교 사업에 대해 말하는 그 이상의 서신들이 없을까? 로마 공동체 내의 문젯거리가 바울을 다시 돌아오게 했는지도 모른다. 그리고 바울이 이 문젯거리에 대해 쓴 것이 너무나 슬프고 실망스러운 것이어서 보존되지 않았다고 볼 수 있다.

로마 공동체의 불명예스러운 내부 분열과 거기서 생긴 가장 위대한 두 사도의 죽음에 대해 신도들 측과 직접적으로 관련된 것은 아무 것도 보존되어 있지 않다. 유일한 직접적 증거는 이교도 타키투스의 증언이다. 클레멘트와 이그나티우스는 단지 간접적인 (신중한) 증거를 제공한다.

어떤 일이 일어났는지에 대한 가장 그럴듯한 추측은, 형제들 사이의 갈등을 처리하기 위해 돌아온 바울이 밀고자들과 네로의 더러운 거래의 희생자가 되어 죽임을 당했으리라는 것이다. 이것이 사실이라면, 그는 마지막 한 가지 점에서 자신의 거룩하신 스승을 따른 셈이 된다. 그 두 사람을 죽인 것은 종교였다.

클레멘트는 베드로가 "한두 가지가 아니라 많은 시련을" 겪었다는 것과 바울이 "결국 인내의 상패를 얻었다"고 말한다는 점에서 타키투스와 화음을 이룬다. 이것이 네로가 대중의 오락거리로 고안해낸 "여러 가지 원시적 형태의 처형"을 로마 공동체가 기억하는 불편한 방법일 것이다.

이 두 위대한 사도가 네로 치하에서 죽었다면, 베드로는 거꾸로든 똑바로든 십자가 처형을 당하지 않았으며, 누가가 바울에게 씌운 로마 시민 신분은 그의 죽음과 아무 관계가 없었을 것이다. 그들은 아마도, 짐승의 가죽을 뒤집어쓴 채 갈기갈기 찢겼든지 네로의 정원에 장식용 횃불로 사용되었든지 간에, 타키투스가 묘사한 끔찍한 방법 가운데 하나로 죽었을 것이다. 이것은 누가 자신이 맺고자 한 끝은 아니었다. 한 가지 위안은 안디옥에서 격렬하게 충돌한 베드로와 바울이 친구로서 죽었다는 사실이다.

죽음에 임한 그들의 자세가 어떠했는지에 대한 기술은 없다. 그렇지만 바울은 끝없는 수난, 육신에 박힌 가시, 파선, 채찍질, 투옥 등의 험한 일들을 수없이 겪으면서도 겁을 먹거나 포기하지 않았으므로, 마지막 일격에서 겁을 먹고 물러서지는 않았다고 생각하는 것이 맞을 것이다.

바울은 일찍이, 당장 죽어서 자신이 직접 본 하나님인 부활한 예수와 함께 있기를 원한다고 말했었다. 바울은 그것을 버팀목으로 삼아 흔들리지 않았을 것이다: "나는 어떤 처지에서도 스스로 만족하는 법을 배웠습니다. 나는 비천하게 살 줄도 알고, 풍족하게 살 줄도 압니다. 배부르거나, 굶주리거나, 풍족하거나, 궁핍하거나, 그 어떤 경우에도 적응할 수 있는 비결을 배웠습니다. 나에게 능력을 주시는 분 안에서, 나는 모든 것을 할 수 있습니다"(빌 4:11-13).

그의 마지막 말이 무엇이었는지 우리는 알지 못한다. 우리에게 주는 그의 마지막 말씀, 우리가 최후의 시련에 직면했을 때에 참조할 말씀은 이것이다:

하나님이 우리 편이시면, 누가 우리를 대적하겠습니까? 자기 아들을 아끼지 않으시고, 우리 모두를 위하여 내주신 분이, 어찌 그 아들과 함께 모든 것을 우리에게 선물로 거저 주지 않으시겠습니까? 하나님께서 택하신 사람들을, 누가 감히 고발하겠습니까? 의롭다하시는 분이 하나님이신데, 누가 감히 그들을 정죄하겠습니까?

그리스도 예수는 죽으셨지만 오히려 살아나셔서 하나님의 오른쪽에 계시며, 우리를 위하여 대신 간구하여 주십니다. 누가 우리를 그리스도의 사랑에서 끊을 수 있겠습니까? 환난입니까, 곤고입니까, 박해입니까, 굶주림입니까, 헐벗음입니까, 위협입니까, 또는 칼입니까?

성경에 기록한바, "우리는 종일 주님을 위하여 죽임을 당합니다. 우리는 도살당할 양과 같이 여김을 받았습니다" 한 것과 같습니다. 그러나 우리는 이 모든 일에서 우리를 사랑하여 주신 그분을 힘입어서, 이기고도 남습니다.

나는 확신합니다. 죽음도, 삶도, 천사들도, 권세자들도, 현재 일도, 장래 일도, 능력도, 높음도, 깊음도, 그 밖에 어떤 피조물도, 우리를 우리 주 예수 그리스도 안에 있는 하나님의 사랑에서 끊을 수 없습니다. (롬 8:31-39)

1) 성서 본문에는 "로마 관리들에게"라는 표현이 들어 있지 않다.

2)* Rainer Riesner, *Paul's Early Period*, translated by Doug Stott (Eerdmans, 1998), p. 150.

3) "짧은 말로"를 "짧은 시간에"로 달리 번역할 수 있다.

4) "도"는 그리스도교의 신앙을 뜻한다.

5) "형제자매들"은 "그리스도인들"을 뜻한다.

6) "형제자매들"은 "그리스도인들"을 뜻한다.

7) 로마의 클레멘트(Clement of Rome)는 라틴어로는 Clemens Romanus라 하는데 약 30-100년에 살았고, 알렉산드리아의 클레멘트(Clement of Alexandria)는 라틴어로 Clemens Alexandrinus라 하는데 대략 2세기 중엽에 살았다. 이 두 클레멘트를 구별하기 위해서는 반드시 그 이름 앞에 "로마의" 또는 "알렉산드리아의"라는 수식어를 붙여야 한다.

8) "형제들"은 "그리스도인들"을 뜻한다.

9) "형제들"은 "그리스도인들"을 뜻한다.

10) 원문은 zēlos kai phthonos ("열성과 시기")인데 저자는 이 어구를 "이사일의"(二詞一意;hendiadys)로 보아 rivalrous grudges("경쟁심")으로 번역했다. '이사일의'는 예를 들면 death and honor(=honorable death), deceit and words (=deceitful words), look with eyes and envy (=look with envious eyes)처럼 and로 연결된 두 낱말이 한 가지 의미를 표현하는 수사법이다.

11) "두어반복 수사법"(anaphara)은 문장의 첫머리 말/어구를 그 다음의 문장 첫 머리에 계속적으로 반복해 사용하는 수사법이다. 보기: "Where is the wise? Where is the scribe? Where is the disputer of this word?" (고전 1:20)

12) 민수기 16:25-34.

맺는 말
바울 잘못 읽기

버나드 쇼가 왜, 바울이 없었더라면 이 세상이 훨씬 더 살기 좋았을 거라고 생각했는지 이해하는 건 어렵지 않다. 이것을 설명해주는 많은 사례 중에서 매사추세츠 만灣 식민지의 역사에서 음울했던 시대의 전형을 참작해보자.

앤 하친슨 부인은 바울의 로마서에서 부화孵化된 환상을 따르기 위해 대서양을 건넜다. 그녀는 암담하고 절망적인 선행 추구의 안간힘으로부터 자신을 해방시켜 줄, '칭의'(의롭다 하심)를 얻으려고 애쓰고 있었다. 그녀는 자기의 갈망을 만족시켜줄 단 한 사람인 코튼 목사를 알고 있었다. 그래서 그녀는 영국을 떠나 보스턴으로 갔던 것이다. 그녀는 1633년에 남편과 아이들과 함께 코튼 목사를 따라갔다. 그녀는 뉴잉글랜드의 모든 목사들을 거스르고 앞장서서 코튼을 옹호했다.

코튼 목사는 그녀에게 루터가 바울(롬 3:20)에게서 취한 말을 극단적으로 해석해서 가르쳤는데, 그것은 "율법의 업적"을 이루는 것은 "칭의"를 얻는 데 전혀 쓸모가 없다는 것이었다. 그녀는 코튼 목사의 설교를 다음과 같은 의미로 받아들였다. 즉 사람들에게 정숙한 행위를 하도록 다그치는 목사들은 참 복음(은혜의 계약)을 무너뜨리는 "행위의 계약"을 설교하고 있다는 것이다. 그녀는 인간의 모든 노력과 관련된 일에서는 '무기력 경쟁'에 힘썼다.

이 일을 위해 그녀는 부인들을 자기 집에 모았다. 그들은 교회에서 듣는 내용들을 고치려 했다. 이 여자들의 모임에 차츰 그들의 남편 혹은 남자 친척들이 조금씩 가담했다.

코튼이 그녀가 자신의 가르침 중 어떤 부분을 이용하고 있는지를 의혹의 눈길로 주시하게 되었을 즈음, 그녀는 자신만이 참된 은혜의 복음에 충실하다고 믿게 되었다. 여러 사람에게 과시된 그녀의 무기력helplessness은 자신이 다른 이들을 위해 율법을 폐기할 수 있다는 자신감이 되었다. 왜냐하면 자신이 하는 말은 자기가 아니라 자기 속에 거하시는 성령이 하시는 것이라고 믿었기 때문이다 ― 이것은 바울적 "겸손"에서 종종 발생하는 오만이다.

보스턴에 있는 교회와 주州의 남성 당국자들은 진정한 바울의 가르침(그것이 곡해된 것일지라도)을 가짜 바울 서신[1]에 근거한 해석

(너무나 위압적으로 잘 해석된)으로 분쇄하려 했다.

그들은 그녀에 대항하여 "나는 여자가 가르치는 것을 허락하지 않습니다"(딤전 2:12)라고 말하는 '바울'의 서신을 끌어댔다. 그녀는 또 다른 가짜 바울 서신인 디도서 2장 4절에 있는 말씀 — 나이 많은 여자들은 젊은 여자들을 가르쳐야 한다 — 으로 반격했다. 그러나 그녀를 고발한 장로들은, 젊은 자매들을 "자신의 남편에게 순종하도록" 가르쳐야 한다(딛 2:5)는 말씀으로 그녀를 꼼짝달싹 못하게 옭아맸다. 그녀는 여자들이 아니라 남자들을 가르치고 있었으며, 그 가르침은 자기 목사를 경멸하게 하는 것이었다.

그녀는 '바울'이 바울에게 승리할 수 있었던 경기에서는 어디에서도 이길 수 없었다.[2] 이러한 공방攻防에서 진짜 바울과 가짜 바울 중 어느 쪽이 더 파괴적 영향을 미치는지 말하기는 어렵다 — 사악한 목적을 위해 바울을 제 입맛대로 이용하는 능력이 판을 쳤던 수천 가지 거래 중 어느 것에서도 그에 대해 말하기 어렵다.

문제의 핵심은 이것이다. 바울은 주로 하나의 혈관, 즉 죄, 죄책감, 양심의 가책 따위의 의식을 운반하는 혈관을 통해 서구 문명이라는 혈류에 들어왔다. 그것이 아우구스티누스, 루터, 칼빈, 파스칼, 키르케고르 같은 인물들의 혁혁한 자기 검진을 통하여 우리가 알게 된 그 바울이다.

이 사람들과 그 후계자들의 깊이 있는 저서들은 방대하게 좋은 영향력을 끼쳤음에도 불구하고, 결국 수세기에 걸쳐 바울을 엄청나게 오독誤讀하고 사람들의 마음을 오도誤導하게 만들었다. ─ 스텐달 주교의 논증은 이러했다. 1961년 스텐달은 미국 심리학회에서 "사도 바울과 서구의 내성적 양심"이라는 제목의, 짧지만 예리한 강연을 했다.[3)]

스텐달은 논증하기를 모세 율법의 형식적 준수로부터의 자유를 주장한 바울의 논증을 루터와 그의 추종자들이 도덕적 율법 일반을 따를 수 없는 바울 자신의 무능에 대한 고백으로 이해했다고 했다.

그들은 로마서 7장 22-24절의 바울의 탄식 곧 "나는 속사람으로는 하나님의 법을 즐거워하나, 내 지체에는 다른 법이 있어서 내 마음의 법과 맞서서 싸우며, 내 지체에 있는 다른 법에 나를 포로로 만드는 것을 봅니다. 아, 나는 비참한 사람입니다. 누가 이 죽음의 몸에서 나를 건져주겠습니까?"라는 말씀을 바울의 자서전으로 읽었다는 것이다. 이 말씀은 이것을 하나의 자전적 절규로 받아들이는 사람들의 가슴 깊숙이 천둥처럼 메아리쳤다.

그러나 스텐달은 한 가지 기이한 점을 지적한다. 의심 없이 인정되고 있는 바울의 모든 자전적 언급들에는 죄의식에 대한 표현이 없다는 것이다. 모세의 율법을 준수하는 것이 어렵다는 말이 발견되지도 않을 뿐 아니라, 바울은 자신이 바리새인이었을 때에 그것을 완벽하게 준수했다고 말한다(빌 3:6). 그리고 형제자매들과 함께 그리스도인으로 살면서도 그는 양심의 질책을 받을 만한 아무 일도 한 적이 없다고 거듭해서 말한다(고전 4:4, 고후 1:12, 롬 9:1).

스텐달은 바울이 "강인한 양심"을 천명할 뿐, 죄의 가책을 받는 양심을 천명하지 않는다고 말한다. 무엇이 바울을 암울하게 해석하는 이들과 바울을 반목하게 하며, 그들이 즐겨 사용하는 구절은 무슨 뜻인가? 어떻게 여기서 말한 것이 바울이 다른 여러 군데에서 자신에 관해 말한 것과 그렇게도 다를 수 있는가?

스텐달은 우리에게 명확한 답을 제시한다. 여기에서 **바울은 자기 자신에 대해 말하고 있는 것이 아니다.** 로마서의 이 구절은 비평을 주고받는 데 등장하는 "배역들"의 복잡한 상호작용 중 한 토막인데, 여기에는 이방인들과 유대인들 — 개체로서가 아니라 사회적 집단으로서 — 양쪽 모두 하나님과 맺은 계약을 준수하지 못했다는 것을 나타내려는 의도가 담겨 있다. 이교도들은 자연법을 받았으나 부자연스러워졌다. 유대인들은 계약법을 받았으나 계속 그 법에 반역했다. 로마서 7:22-24의 구절에서 바울은 유대인 비평자로서 말하고 있다. 바울은 어느 쪽도 다른 쪽을 비방할 수 없다는 사실과 하나님은 어느 쪽 편도 아니라는 사실을 논증하고 있다.

현대의 주석자들은 — 예를 들어 웨인 믹스는 — 이것을 로마서 전체의 핵심으로 강조한다. 로마서에서 바울은 이방인 형제들과 유대인 형제들 사이의 분열을 겨냥해서 말하고 있다.[4]

바울은 하나님을 모든 민족의 구주로 말하고 있다. 미국의 흑인 종교는 지적 엘리트 층에 속하는 개인주의적 개체들보다 하나님께 더 가까이 다가서 있다. 흑인들은 모든 백성이 바로Pharaoh 왕에게서 구출되는 것, 거룩한 땅에 도달하는 것, 언약궤 말씀 이후에도 살아 남는 것을 말했다. 루터에는 중세 후기의 참회 훈련과 르네상스의 주관적 개인주의가 절묘하지만 너무 비대하게 혼합되어 반영되어 있다. 이것은 대단히 친밀한 수준에서 우리에게 말한다. 왜냐하면 우리는 이러한 사조들이 만들어낸 세계의 한 부분이기 때문이다. 그러나 바울은 이러한 문화와 전혀 관계가 없고 순결하다.

왜 바울이 '나쁜 소식 전달자(the Bad News Man)'로 우리에게 전해졌는지를 묻는다면, 루크레티우스의 지혜(1.101)를 떠올려야 한다:

Tantum religio potuit suadere malorum.
종교는 우리에게 해악을 끼치는 데 너무나 위력적이다.

종교는 예수의 유산을 접수하여 입맛대로 주무른 것처럼 바울의 유산을 접수하여 입맛대로 주물렀다 — 왜냐하면 예수와 바울은 둘 다 종교를 반대했기 때문이다. 그들은 하나님을 예배하는 것은 율법의 외형적 준수나, 성전이나 교회, 성직계급 또는 성직자들에 바탕을 두지 않은, 내면적 사랑의 문제라고 말했다.

그들은 둘 다, '종교'라는 무거운 짐을 지우고 그 짐을 벗어던지려고 하는 이들을 처벌하는 사람들과 반목 관계에 있었다. 그들은 비록 관습적인 정치의 밑바닥을 파고들거나, 관습적인 정치를 뛰어넘는 방법을 취하긴 했지만, 급진적인 평등주의자들이었다.

그들은 가난한 사람들의 편이었다. 그들은 부자들의 속을 꿰뚫어 보았다. 그들은 오직 두 가지 기본적인 도덕적 의무, 곧 하나님 사랑과 이웃 사랑만 보았다. 그들은 둘 다 풀어주는 자였지, 가두는 자가 아니었다 — 그래서 그들은 갇혔다. 그래서 그들은 죽임을 당했다.

바울은 예수가 나타내고자 하는 바로 그 뜻을 나타냈다. 그것은 곧 사랑이 유일한 법이라는 것이다. 우리에게 건네는 바울의 메시지는 죄책과 음울한 속박에 관한 메시지가 아니다. 그 메시지는 바로 이것이다:

마지막으로, 형제자매 여러분, 무엇이든지 참된 것과, 무엇이든지 경건한 것과, 무엇이든지 옳은 것과, 무엇이든지 순결한 것과, 무엇이든지 사랑스러운 것과, 무엇이든지 명예로운 것과, 또 덕이 되고 칭찬할 만한 것이면, 이 모든 것을 생각하십시오. 그리고 여러분은 나에게서 배운 것과 받은 것과 듣고 본 것들을 실천하십시오. 그리하면 평화의 하나님께서 여러분과 함께 하

실 것입니다.(빌 4:8-9)

▌주▌

1) 바울의 일곱 진정 서신을 뺀 나머지 여섯 서신을 일반적으로 "제2 바울 서신" 또는 "후대 바울 서신"이라 일컫는데 저자는 "가짜 바울 서신"(pseudo-Pauline letters)이라 했다.

2) 따옴표가 붙은 "바울"은 가짜 바울서신에 근거하여 구축된, 잘못 이해된 바울을 가리킨다.

3)* 스텐달의 이 강연은 *Paul among Jews and Gentiles* (Fortress Press, 1976), pp. 78-96 에 수록되어 있다.

4)* Wayne Meeks, "Judgment and the Bother: Romans 14:1-15:13", in Gerald F. Haw-thorne, editor, *Tradition and Interpretation in the New Testament* (Eerdman's, 1987), pp. 290-300.

바울 번역하기

스텐달과 게이저John Gager는 현대의 번역들은, 심지어 아주 "객관적인 것"처럼 보이는 것들일지라도 바울이 말하는 것을 왜곡하고 있다고 한다. 바울의 글들은 예수의 추종자가 쓴 글 중에서 가장 먼저 씌어진 것들이다. 우리가 바울의 세계로 다시 들어가려고 시도할 때 시대착오적인 것들을 피하는 것 — 즉 바울에게는 존재하지 않았던 용어들, 예를 들어, 그리스도교적(*Christian*), 교회(*church*), 사제(*priests*)[1], 성례전(*sacraments*), 회개(*conversion*)와 같은 용어들을 사용하지 않는 것 — 은 어려운 일이다. 이러한 모든 용어들은, 교묘하게 혹은 별다른 의도 없이 원래의 상황에서 말한 내용을 왜곡시킨다. 사도(*apostle*)처럼 직접적으로 음역한 단어조차 잘못된 판단을 이끌어낼 수 있다. 이처럼 조악한 번역들은 훗날의 전개 과정에 대한 강한 암시와 함께 바울이 거부한 "종교"의 분위기를 그에게 부여한다. 바울이 작성한 원문에 덕지덕지 달라붙은 언어적 첨가물을 닦아내 제거하는 일은 오래된 그림에 쌓여 있는 이물질을 깨끗하게 씻어내는 것처럼 필요한 일이다. 이런 일을 함으로써만 우리는 바울의 세계, 즉 성령이 출몰하고 하나님이 휘몰던 그 세계, 예수의 복음이 카리스마적으로 전파되던 그 들뜬 초기 시대 속으로 되돌아가는 여행을 할 수 있다.

아래에서 우선 관습적인 번역어를 제시하고, 그 다음에는 그리스어 용어를, 그리고 좀 더 적절한 표현을 제시해두었다. 나는 이 책 전체에서 바울을 번역하는 데에는 마지막에 제시한 용어들을 사용했다.

"그리스도인들" (Adelphoi)

형제들

그리스도인이라는 용어는 그리스도교를 박해한 이교도 적대자들이 처음으로 사용했다 — 예를 들어, 소 플리니Pliny the Younger나, 타키투스나, 루시안이 그들이다. 종교적 집단들은 처음에 조롱조로 불리던 이름으로 굳어지게 되는 경우가 종종 있다 — 제수이트 파, 롤라드[2]("중얼거리는 사람들"), 청교도들, 퀘이커들, 흔드는 사람들, 고함치는 사람들[3], 땅 파는 사람들[4], 모르몬 등등.

사도행전(11:26)에서 누가는 예수를 따르는 사람들이 안디옥에서 처음으로 그리스도인들이라고 불리게 되었다고 말한다. 그러나 누가나 바울 두 사람 다 믿음의 동료들을 지칭할 때 이 용어를 사용하지 않았다. 누가는 아그립바 왕이 그리스도인이라는 호칭을 사용한 유일한 인물이었다고 인용했다(행 26:2).

현재 우리들이 그리스도인들이라 부르는 사람들에게는 서로간의 정서적인 유대를 강조하는 호칭들이 많이 있었다. 아직은 그리스도인이라는 용어가 그러한 호칭들을 모두 흡수할 정도로 받아들여지지는 않았기 때문에 그렇게 많은 호칭들이 있었을 것이다.

1. 형제들(*Adelphoi*): 이것은 바울과 누가가 예수의 추종자들을 가리키는 통상적인 용어다. 짧은 데살로니가전서에서 바울은 이것을 직접적 부름말로 열두 번, 서술에서 세 번 사용했다.

비록 전체 형제들을 지칭하는 총칭으로서 남성 명사가 사용되었지만, 바울은 예수를 추종하는 특정한 여자들은 자매(*Adelphē*)라 부른다 — 예를 들어, 베드로와 주님의 형제들의 아내들(고전 9:5), 또는 뵈뵈(롬 16:10) 또는 압비아(몬 2) 등. 그러나 남성과 여성의 의무를 구별할 때, 그는 "형제나 자매"(고전 7:15)가 해야만 할 일이라고 언급한다.

(옮긴이: 가능한 한, 원문의 의도를 살려 "형제들"이라고 번역하

고 때로는 성차별적인 표현을 완화하기 위해 "형제자매들"이라고 번역하기도 했다. 영어로는 "Brothers"라고 대문자 B가 사용되었기 때문에 육친을 가리키는 brothers와 혼동될 우려가 없지만, 우리말에서 그러한 혼동이 생길 우려가 있는 곳에는 "믿는 형제들", "신도들" 등으로 번역하기도 했다.)

2. 성도들(Hagioi, 또는 Hēgiasmenoi): 바울은 이러이러한 곳에 있는 "성도들" 또는 "성도들의 쓸 것"(롬 12:13)과 같은 표현도 사용했다. 그들은 세례를 통해 예수에게 합병되었기 때문에 성도들이다 :

"몸은 하나이지만 많은 지체가 있고, 몸의 지체는 많지만 그들이 모두 한 몸이듯이, 그리스도도 그러하십니다. 우리는 유대 사람이든지 그리스 사람이든지, 종이든지 자유인이든지, 모두 한 성령으로 세례를 받아서 한 몸이 되었고, 모두 한 성령을 마시게 되었습니다" (고전 12:12-13).

3. 메시아 안에 있는 사람들(Hoi en Christō[i]): 그들은 세례를 통해 예수와 연합되었기 때문에, 성도들은 "예수 안에" — 혹은 메시아 예수 안이거나 예수 메시아 안에 — 있다고 말할 수 있다. 그러므로 바울은 이렇게 말할 수 있다: "나는 메시아 안에 있는 유대의 모임들에게는 얼굴이 알려져 있지 않았습니다"(갈 1:22). 또는 이와 비슷하게: "메시아 안에 있는 사람은 누구든지 새로운 피조물입니다"(고후 5:17).

4. 부르심을 받은 사람들(*Klētoi*): 바울은 형제들이 거룩함에 이르도록 부르심을 받았다고 생각한다(롬 1:6, 8:28. 고전 1:24).

5. 가솔들(*Oikeioi*): 추종자들은 주로 서로의 가정(*oikoi*)에서 만났기 때문에, 바울은 그들을 일반적으로, 우리의 믿음의 식구들이라 불렀다(갈 6:10. 엡 2:19).

6. 그 도를 따르는 사람들 (*Hoi tēs Hodou*): 이 용어는 〈사도행전〉의 시대에는 일반화되어 있었다. 그러므로 누가는 "이 도를 박해한다거나"(행 22:4), "주님의 도 때문에"라고 하든가(행 19:23), "그 도와 관련하여"(행 24:22)라고 말할 수 있다.

"그리스도" *(Khristos)*

메시아

바울이 그리스도인이라는 용어를 사용하지 않은 한 가지 이유는 그리스도라는 낱말이 예수의 고유명사가 아니기 때문이다. "예수 그리스도"가 이름과 성姓이 아니라는 것은 "예수 주"가 그렇지 않은 것과 같다.

크리스토스(*Khristos*)는 키리오스(*Kyrios*, 주)처럼 하나의 칭호이다. 그것은 단순히 메시아(*Messiah*)에 대응하는 그리스어 낱말이다. 그 두 낱말은 동일한 신학적 의미를 지닌 "기름 부음을 받은 분"을 의미한다. 바울에게는 그 칭호의 충만한 유대적 의미가 언제나 중요했다는 사실을 명심해야 한다. 바울은 언제나 예수를 유대교의 율법과 예언을 성취하시는 분으로 생각하기 때문이다.

바울은 그 낱말을 때로는 관사를 붙여 ― 그 메시아로 ― 사용하기도 하고 때로는 관사 없이 ― 메시아로 ― 사용하기도 한다. 그는 그것을 예수의 이름과 함께, 메시아 예수 또는 예수 메시아로 사용한다. 그러나 모든 경우에 쟁점이 되는 것은 칭호이다. 그것은 라이트 N.T. Wright가 적절하게 강조한 바와 같다.[5]

(옮긴이: 원문의 "메시아"를 그대로 "메시아"로 번역했으나 성서 원문을 인용하는 곳에서는 "그리스도"를 "메시아"로 바꾸지 않고 그대로 두기도 했다.)

"교회" (Ekklēsia)

모임(Gathering)

그리스어 에클레시아(ekklēsia)는 단순히 "모임"을 의미한다. 바울의 시대에는 형제들이 모이는 장소는 거의 언제나, "브리스길라와 아굴라의 집에 있는 모임"(고전 16:19, 롬 16:5) 또는 "그대의 [빌레몬의] 집에 있는 모임"(몬 2)처럼, 어떤 형제나 자매의 집 또는 그 두 사람의 집이었다.

형제들의 집회라는 이 세포는 너무나 기본적인 것이어서, 우리가 살펴보았듯이, 바울은 형제들 전체를 "우리의 믿음의 식구들"(갈 6:10)이라고 언급할 수 있었다. 몇몇 소도시나 지역에는 그러한 모임을 갖는 장소가, "마케도니아에 있는 모임들"(고후 8:1) 또는 "갈라디아에 있는 모임들"(갈 1:2)에서처럼, 두 개 혹은 그 이상 있었으며 그들 사이에는 위계 제도가 없었다.

한 도시에 있는 모든 모임들은, 예를 들어, "고린도에 있는 하나님의 모임"(고전 1:2, 고후 1:1)이라 불릴 수 있었다. 나중에 "교회"(the church)라 불리게 될 것은, 바울에게는 "모든 모임들"(고전 4:17, 7:17, 14:33), "하나님의 모임들"(고전 11:16) 또는 간단하게 "하나님의 모임"(고전 10:32, 11:2, 15:9) 또는 "모임"(고전 12:28)이었다.

(옮긴이: 원문의 의도를 살려서 가급적 "모임"으로 번역했으나 의미를 분명하게 하기 위해 때로는 "공동체", "신도 공동체" 따위로 번역하기도 했다.)

"복음" (Euaggelion)

계시

복음은 바울이 모든 민족들에게 가져다주도록 명령받은 것이다. 그것은 그의 소명에 너무나도 중심적인 것이기 때문에 하나의 동사로 사용한다 — 그는 "복음을 전해야만(gospeling)"했다. 그는 실제로 "내가 여러분에게 복음(gospel)을 복음으로 전했다(gospeled)[6]… 그러한 뜻으로 내가 여러분에게 복음으로 전했다(gospeled)"(고전 15:1–2)라고 말한다. 그것이 정확하게 무엇을 뜻하는 것일까?

우리는 후대에 작성된 네 가지 복음서가 이제는 "그 복음"과 동일하다고 여겨진다는 사실 때문에 어느 정도 혼란에 빠진다. 그렇지만 어원("은혜로운 공포")을 살리는 것 또한 제대로 된 번역은 아닐 것이다. 그렇게 번역한다면 바울로 하여금 "내가 여러분들에게 은혜롭게 공포한 은혜로운 공포"라고 말하게 만드는 셈이 될 것이다.

소식을 전하는 사절로서 바울에게 복음은 예수가 우리 죄를 위하여 죽으시고 부활하셨다는 계시이다. 그리고 이것이 역사의 전체적인 의미이며, 하나님께서 자신에 대하여 계시하기를 원하시는 그 내용이다.

그래서 "내가 여러분에게 복음으로 전한 그 복음"은 "내가 여러분에게 계시한 그 계시"이다. 그리고 바울은 "내가 복음으로 전한 것에 거슬러서 복음을 전하는" 사람들을 겨냥해서 경고한다 — 즉 그가 계시한 것과 상치되는 어떤 것을 계시하는 사람들을 겨냥해서 하는 말이다(갈 1:8). 그러한 사람들은 분명하게 표시된 계시의 의미를 견지하지 않는다(갈 2:14).

계시는 단순히 바울과 그의 동역자들이 남에게 가져다주는 그 무엇이 아니라 그들이 "봉사하는" 그것이다(몬 13). 그것은 그 자체로 힘이 있다: "우리는 여러분에게 계시를(복음을) 말로만 전한 것이 아니라, 능력과 성령과 큰 확신으로 전하였습니다"(살전 1:5).

(옮긴이: "계시"로 번역하면 오해가 생길 우려가 있기 때문에 특수한 몇몇 경우 이외에는 "복음"이라고 번역했다.)

"전도하다" *(Euaggelizein)*

계시를 전하다

신약성서의 다른 작가들은 "전도하는 것"을 표현하는 데 *kēryssō* ("선포하다")를 사용한다. 그러나 바울은 이 동사를 겨우 여섯 번만 사용한다. 그 가운데 두 번은 의심쩍은 선포 대상에게 사용한다(갈 5:11, 롬 2:21). 압도적으로 "전도하다"라고 번역되는 낱말은 *euaggelizo*에서 유래한 동사이다. 이것에는 하나님이 아직도 활동적으로 자신의 계획들을 계시하고 있다는 의미가 있다.

바울도 역시 이 계시에 "사제로서의 직무를 행한다"(*hierourgōn*) (롬 15:16). 바울은 결코 그 낱말을 사제(*hiereus*)를 표현하는 데 사용하지 않는다. 그러한 것은 형제들[7] 중에 존재하지 않았기 때문이다.

유대교의 전통에서 사제직은 동물 희생 제물을 관장해야만 했으며, 후대의 그리스도인들은 그러한 의미를 포함시켜 그 용어를 사용했다. 신약성서에서, 예수는 후대에 작성된 익명의 히브리서에서 사제로 불린 유일한 분이다.

바울은 로마서에서 성전의 휘장 뒤에서 나온다는 것을 암시하기 위해, "계시에 대한 사제적 섬김"이라는 표현을 사용한다: "내가 여러분에게 예수-메시아를 선포하면서 전한 계시(*euaggelion*)는 오랜 세월 동안 감추어져 있던 비밀을 들추어냅니다. 그래서 이제 그 비밀은 영원하신 하나님이 임명하신 예언자들이 확증한 것으로 드러났습니다. 그것은 모든 민족들이 깨달아서 믿고 순종하게 하려는 것입니다(하나님께서는 내가 전하는 복음 곧 예수 그리스도에 관한 선포로 여러분을 능히 튼튼히 세워주십니다. 그는 오랜 세월 동안 감추어 두셨던 비밀을 계시해주셨습니다. 그 비밀이 지금은 예언자들의 글로 환히 공개되고, 영원하신 하나님의 명을 따라 모든 이방 사람들에게 알려져서, 그들이 믿고 순종하게 되었습니다: 표준새번역)"(롬 16:25-26).

"성경은 아브라함에게 주신 이것을 선행하는 계시로 삼았다[문자적으로는, "미리 복음으로 전했다(*pro-euagelisato*)"] (성경은 아브라함에게 "모든 민족이 너로 말미암아 복을 받을 것이다" 하는 기쁜 소식을 미리 전하였습니다.")(갈 3:8).

바울에게 주어진 계시는 그 자체로 신적인 능력이 있다. 그러므로 그는 "계시가 처음 작용하기 시작했을 때에"(빌 4:15)라고 말한다. 언제나 그렇듯이, 하나님은 바울을 통해 직접적으로 활동하고 계신 것이다.

(옮긴이: "복음을 전하다/선포하다"로 번역했다.)

"믿음" (Pistis)

신뢰

우리는 일반적으로 우리의 믿음을 하나님에 대한 믿음(pistis)을 갖는 것이라고 생각한다. 그러나 바울은 하나님이 믿음(pistis)이 있으시다고 말한다.

하나님의 믿음은 무엇에 대한 믿음일까? 자기 자신일까? 자기 자신의 말씀일까? 우리들에 대한 믿음일까? 마지막 것이 가장 그럴듯해 보이지 않는 것 같다. 하나님이 어떻게 우리를 믿으실 수 있단 말인가? 그러나 이 문제는 우리가 갖고 있는 신뢰의 의미가 부적절하다는 것을 드러낸다.

하나님은 우리를 그의 신뢰 속으로 끌어들인다. 더 이상 소외는 없다. 우리들은 하나님의 아들의 신비적인 몸의 지체들이기 때문에, 하나님은 우리들을 자신과의 제휴 관계에 들어오도록 격려하신다. 우리는 그분의 아들들로서 그분을 신뢰한다. 하나님은 아버지가 사랑하는 자기 자녀들을 신뢰하듯 우리를 신뢰하신다.

이것은 로마서 1장 17절의 "믿음에서 믿음으로"라는 난해한 구절을 설명해준다. 만약 우리들이 이미 신뢰[8]를 갖고 있다면, 우리는 그것을 얻기 위해 어떻게 나아가야 할까? 그러나 이것들 중 하나가 하나님의 믿음(*pistis*)이라면, 그 구절을 이해할 수 있다: "하나님의 옹호해주심이 드러나 있는데, 그것은 [그분의] 신뢰에서 생겨나서 [우리의] 신뢰로 나아간다. 성경에 이렇게 기록되어 있다: '무죄로 옹호받은 사람은 신뢰로 살아갈 것이다.'"

지금은 믿음을 너무나도 흔히 교회가 확립한 명제나 교리 그리고 규범에 대한 믿음을 의미한다고 생각한다. 그러한 것이 아니라, 오히려 믿음은 한 인격에 대한 능동적인 반응, 그분에 대한 신뢰이다.

"의인/의화" *(Dikaiosynē)*

옹호(Vindication)

*dikaioun*이라는 동사는 "일을 바로 잡다(to set things right)"라는 뜻이다. 그것은 법을 지지한다는 것을 뜻한다. 하나님이 *dikaios*(의로우신) 분이면, 그는 자신의 법을 지지하고 계시는 것이다. 우리가 *dikaioi*(의로운) 사람이면, 법에 근거하여 지지를 받고 있는 것이다. 그것은 우리가 순결하다는 뜻일까, 아니면 무죄 방면되었다는 뜻일까, 혹은 그 둘 다를 뜻하는 것일까? 어떤 경우이든, 우리는 옹호받

266

앞으며(be vindicated), 우리의 칭호는 명백해졌다.

바울은 하나님이 우리를 옹호해주시는 분이라고 말한다. 그것이 우리가 그분을 신뢰하는 이유이다. 첫걸음은 하나님이 먼저 떼신다. 바울이 "아브라함이 하나님을 신뢰함으로써 옹호받았다(아브라함이 하나님을 믿으니, 하나님께서 그를 의롭다고 여기셨다: 표준새번역)"(롬 4:2-4) 하고 말할 때, 그는 아브라함이 옹호해주심을 획득했다는 것을 말하는 것이 아니라, 하나님이 그에게 말씀하시는 바를 신뢰하는 마음으로 받아들였다는 것을 말하고 있는 것이다.

하나님이, "당신이 말씀하신 것에서 무죄로 변호되시고, 당신이 행하신 것에서 무결하다고 입증되신(말씀하실 때에 의로우시다 인정을 받으시고 재판을 받으실 때에 이기시는: 표준새번역)"(롬 3:4) 그러한 분이시면, 그것은 그분이 재판을 받을 수 있기 때문이 아니라, 자신의 능력을 천명하심으로써 자신의 권한을 자신의 능력으로 변호하실 수 있기 때문이다.

이와 똑같은 방식으로, 우리가 아버지의 "이름을 거룩하게 하시옵고"(마 6:9)라고 기도할 때, 우리가 그분의 이름을 거룩하게 할 수는 없다. 그렇게 할 수 있는 인간은 아무도 없다. 우리는 하나님께서 자기의 이름을 천명하심으로써 그것을 옹호하시기를 기도한다. 같은 방식으로, 하나님이 우리들을 거룩하게 하실 때, 그는 우리의 이름을 변호하신다.

우리를 자기의 아들과 연합시키시고, "메시아 예수를 우리의 변호로 만드시는"(*dikaiosyne*)(고전 1:30) 그분의 선심으로부터 그렇게 되는 것이다. 사실, 예수는 우리를 "하나님의 의"로 만드신다(고후 5:21).

루터는 메마른 방법으로 "칭의(의인)"를 "행위"로부터 분리시키려 했다. 우리가 하나님을 신뢰할 때, 우리는 하나님과 맺은 계약에 의한 우리들의 몫을 기쁘게 간직한다.

루터는 신약성서 정경에서 야고보서 2장 20절의 "행함이 없는 믿음은 쓸모없다"는 말씀을 삭제하고 싶어했다. 그러나 그렇게 했더라면, 그는 바울의 진정 서신에서도 동일한 기본적인 요점을 부정하는 많은 부분들을 제거해야만 했을 것이다 — 예를 들어: "여러분은 나에게서 배운 것과 받은 것과 듣고 본 것들을 실천하십시오"(빌 4:9).

바울은 고린도 사람들에게 그들이 예루살렘을 위한 모금에서 수행한 훌륭한 업적을 칭찬하면서, "하나님께서 여러분의 변호의 효과를 풍성하게 하실 것입니다(여러분의 의의 열매를 증가시켜 주실 것입니다: 표준새번역)"(고후 9:10)라고 말했다. 바울은 "선행"을 전혀 비웃지 않았다.

(옮긴이: 가급적 원문 그대로 번역하려고 했으며 부득이한 경우에는 "의"라는 옛 용어를 그대로 사용하기도 했다.)

"회개하다" (*Klēthēnai*)

부름받다

바울이 그리스도인이 되었다거나 그리스도교로 개종했다고 말하는 것은, 바울이 유대교에서 그리스도교로 개종했다는 것을 암시하는 전혀 엉뚱한 표현이다. 바울은 자신이 유대교를 버리고 개종했다고 생각하지 않았으며, 당시에는 그가 합류할 그리스도교 혹은 그리스도 교회 같은 것이 없었다. 바울은 다른 사람들을 유대인의 하나님이신 야웨께로 돌아서게 했지만 그 자신은 야웨께로 돌아설 필요가 없었다.

그는 유대교의 성서(그의 시대에 존재했던 유일한 "성서")로 비유대인들을 가르쳤다. 그는 비유대인들에게 "아브라함의 후손"의 일부, 즉 유대인들이 맺은 계약의 상속자가 되어야 한다고 말했다. 그 계약은 유대인들에게 소멸되지 않은 채 이방인들에게로 확장되었다. 그는 언제나 자신이 유대인이라고 말했으며, 유대인들을 "나의 동포", 아브라함의 백성이라고 불렀다.

만약 바울이 개종한 것이 아니라면, 남들 또한 개종시킨 것이 아니다. 회개를 표현하는 전형적인 낱말로 *metanoein* ("뉘우치다" 또는 "재고하다")과 *epistrephein* ("돌아서다")이라는 두 개의 동사가, 《70인역 성서(LXX)》에서[9] 예언자들이 유대인들에게 그들이 소홀히 하고 있는 계약으로 되돌아오도록 부르는 데 사용되었다.[10]

세례자 요한은 복음서에서 "회개(*metanoia*)"의 부름을 외친다(예를 들어, 마가 1:15). 그러나 바울은 그런 언어는 일반적으로 부정적인 의미로 사용했으며, 이방인들에게 우상들로부터 한번 돌아선 후에는(살전 1:9), 우상들에게 "되돌아가지(*epistrephein*)" 말라고 할 때 사용했다. 또한 고린도인들이 죄된 생활 방식으로 되돌아간 것을 돌이키지(*metanoesantes*) 않는다며 꾸짖을 때(고후 12:21) 사용했다. 혹은 하나님께로 돌아서는 것을 말하는 LXX를 인용할 때 사용했다(고후 3:16). 사람들이 "바울의 회개"라고 일컫는 것은 그가 부르심, 즉 복음(계시)을 이방인들에게 전하라는 소명을 받아들인 것을 가리킨다. 그는 이방인들에게 "회개하라"고 요구하지 않고 자신들의 부르심을 받아들이라고 요구했다.

바울이 바라보는 바로는, 하나님께서는 언제나 인류를 향해 앞서 행동하신다. 바울은 사람들에게 하나님을 알라고 요구하지 않고 하나님께서 그들을 알아주실 것과(갈 4:9), 사람들에게 하나님의 택하신 자들(*eklektoi*), 하나님의 부르심을 받은 자들(*klētoi*), 하나님이 거룩하게 하신 자들(*hagioi*)이 되라고 요구했다. 바울에게는 하나님은 언제나 역동적 원리인 것이다.

270

"구원" (Sotēria)

구출

계시(복음)는 단지 유대인들뿐만이 아니라, 모든 민족이 "구원받을"(sōzesthai) 수 있다는 것이다. "구원"은 우리가 개인의 조건으로 생각하는 어떤 것, 사람이 얻거나 잃거나 확신하는("형제여, 당신은 구원을 받았습니까?") 어떤 것이다. 이것은 내성적內省的인 개인주의를 반영한다. 스텐달은 이것을 바울이 전하는 메시지의 왜곡이라 부른다. 바울은 사람의 자기 의식에 대해서는 생각하지 않았으며 구출자로서의 하나님의 활동만을 생각했다.

바울에게 구출은 하나님의 앞선 행동이며, 하나님이 적진을 습격하여 포로가 되어 있는 사람들을 빼내 오시는 것이었다. 미국의 흑인들이 모든 백성이 바로 왕의 억압으로부터 탈출하는 것으로 생각하거나 약속받은 땅에 도달하는 것으로 생각하듯이, 피조물 전체가 구출되어 하나님께 복귀하는 것이다.

피조물은 하나님의 자녀들이 나타나기를 간절히 기다리고 있습니다. 피조물이 허무에 굴복했지만, 그것은 자의로 그렇게 한 것이 아니라, 굴복하게 하신 분이 그렇게 하신 것입니다. 그러나 소망은 남아 있습니다. 그것은 곧 피조물도 썩어짐의 종살이에서 해방되어서, 하나님의 자녀가 누릴 영광된 자유를 얻으리라는 것입니다. 모든 피조물이 이제까지 함께 신음하며, 함께 해산의 고통을 겪고 있다는 것을, 우리는 압니다. 그뿐만 아니라, 첫 열매로서 성령을 받은 우리도 자녀로 삼아주실 것을, 곧 우리의 몸을 속량하여주실 것을 고대하면서, 속으로 신음하고 있습니다.(롬 8:19-23)

세상의 완결이 곧 이루어질 것이라고 예기했던 바울이, 어떻게 실제로 전 세계의 사람들을 한 명씩 개심시킬 수 있을 것으로 생각할 수 있었을까에 대해 의아하게 생각할 수도 있다. 하지만 바울은 하나님이 소매상처럼 활동하시는 것으로 보지 않았다. 바울은 우주적인 거대한 계획을 추진하고 있었던 것이다.

이 모든 것은 하나님에게서 났습니다. 하나님께서는 메시아(그리스도)를 내세우셔서, 우리를 자기와 화해하게 하시고, 또 우리에게 화해의 직분을 맡겨주셨습니다. 곧 하나님께서 사람들의 죄과를 따지지 않으시고, 화해의 말씀을 우리에게 맡겨주심으로써, 세상을 메시아(그리스도) 안에서 자기와 화해하게 하신 것입니다.
그러므로 우리는 메시아(그리스도)의 사절입니다. 하나님께서는 우리를 시켜서 여러분에게 권고하십니다. 우리는 메시아(그리스도)를 대리하여 간청합니다. 여러분은 하나님과 화해하십시오. 하나님께서는 죄를 모르시는 분에게 우리 대신에 죄를 씌우셨습니다. 그것은 우리가 메시아 안에서 하나님의 옹호하심이(의가) 되게 하시려는 것입니다.(고후 5:18-21)

"속죄" (*Apolytrōsis*)

석방

*Apolytrōsis*는, 문자적으로는 "속량"을 뜻한다. 그러나 이 낱말은 라틴어로 *redemptio* ("되사들이기")라고 번역되었다. 안셀름이 이 라틴어의 의미를 받아들여, 아들의 희생으로 아버지 하나님께 값을 지불한다는 개념을 갖게 됐다. 이것은 바울에게는 전혀 생소한 개념이다.

바울은 전체 세상을 속량한다는 것은 그가 사탄으로 인격화한 악한 질서에 종살이하는 것으로부터 세상을 석방한다는 것을 의미한다고 했다. 이것은 각 감옥을 부수어 여는 것과 같은 거대한 해방 행위인데 오직 하나님의 원기가 이 일을 성취할 수 있다.

"은혜" (*Charis*)

역성

"은혜"라는 낱말 역시, 교회의 역사를 거쳐오면서 여러 이질적인 연상聯想들이 덧붙여졌다. 그것은 종종 개개인이 획득하는 어떤 몫, 즉 사람이 얻거나 잃는 어떤 것으로 여겨졌다. "은혜 안에" 있다거나 은혜를 박탈당한다는 것은 그의 심령의 탱크에 연료가 꽉 차 있거나 고갈되는 것과 같은 셈이다. 이렇게 하여 다시 한번, 내성적 개인이 바울의 사고 과정에 끼어든 것이다. 은혜는 하나님 쪽에서 계속적인 역동적 활동에서 나타내시는, 대가를 바라지 않는 활동이며, 특별한 사랑이며, 너그러우심이다.

"사도" (*Apostolos*)

사절

그리스어 *apo-stolos*는 *apo-stello*에서 파생된 낱말인데 "파송된" 사람을 뜻한다. 그것은 사절을 가리키는 데 사용된다.

바울의 시대에는 신도 공동체에서 보내는, 또는 그곳으로 보내는 심부름꾼을 뜻했다 — 바울의 특수한 소명을 표현하는 경우에는, "이방 민족들에게 보내심을 받은 사절"(갈 2:8, 롬 11:13)이라는 뜻이었다. 바울은 "사절"과 동의어로 "대사"라는 용어를 사용하기도 한다(고후

5:20). 이것은 관직(office)이 아니라 기능(function)이었다(바울 시대의 여러 가지 섬기는 일들과 마찬가지로).

어떤 사람이 어떤 선교 단체에서 다른 선교 단체로 파송을 받음으로써 그는 사절이 되었다 — 이 파송은 선거나(고후 8:19, 23) 임명에 의해 이루어졌는데 바울이 자신의 보조자를 어느 공동체에 파송했던 것이 그러한 경우이다(살전 3:2, 고전 4:17, 고후 8:18, 22, 9:13).

이 용어에 대한 오해는 그것을 기능에서 관직(직위)으로, 더 나아가 통치하는 관직으로 바꾸려고 하는 데서 발생한다. 우리는 자주 "열두 사도" — 또는 바울을 덧붙이는 경우에는 "열세 사도" — 라는 표현을 듣는다.

"열둘"은 복음서에서 종말론적인 관직을 맡았다 — 그들은 열두 지파의 보좌에 앉을, 종말의 상징적 판관들이다(마 19:28, 눅 22:30). 그러나 그들은 복음서에서 그저 흔히 "열둘"[11] 또는 열두 제자들(*mathētai*)이라고 불린다. 그들이 유대 동네로 사명을 받아 "파송될" 때, "열두 사절"(*apostoloi*)이라고 언급된다(마 10:1-8) — 다시 말하면, 그들이 사절의 기술적 기능을 행사하는 것을 지칭했다.

그들은 결코 어느 모임의 통치자가 아니다. 예루살렘 교회의 지도자는 주님의 형제인 야고보였다. 그는 그 열둘의 구성원이 아니었다. 베드로는 사절로서 디아스포라 세계로, 룻다, 욥바, 가이사랴, 그리고 안디옥으로 갔기 때문에(그리고 결국에는 로마로 갔을 것이다) 엄밀한 의미에서는 사절이었다(행 9:32, 10:18, 갈 2:11-12).

사도들을 열둘에 국한시키는 후대의 전승은 바울이 알고 있었던 것이 아니다. 바울은 부활하신 주님이 그 열둘에게 나타나시고 그 다음에 "모든 사절들에게" 나타나셨다고 말한다(고전 15:5-7).[12] 그들은 서로 구별되는 집단들이다. 이것이 바울이 안드로니고, 유니아와 같은 자기의 동료 사절들, 또는 모임의 정규 파트인 "사절들"을 언급할 수 있는 이유이다(고후 12:28).

"감독" (*Episkopos*)

감찰

바울은 *episkopoi*(감찰자들)이라는 낱말을 단 한 번만 사용한다. 즉 그는 빌립보에 있는 성도들에게 문안 인사를 하면서, "그들의 감찰자들과 봉사자들(*diakonoi*)"을 함께 언급한다(빌 1:1). 이들은 비공식적 지도자들인데 후대의 교회 감독들과 집사들과는 관련이 없다.

여기에 언급된, 복수로 혼성된 "감찰자들"은 단독으로 통치하는 (*monarchoi*) 감독들(bishops)이 아니다. 이러한 감독들은 반세기 뒤에 이그나티우스의 시대에 생긴 것이며 "봉사자들"은 누가가 기술한, 예루살렘에서 구제 업무를 전담하도록 선출된 일곱 집사와 다르다(행 6:1-6).

봉사자들이라는 낱말은 바울에게는 너무나 일반적인 용어이기 때문에 그것은 바울이 사탄의 일꾼들과(고후 11:15), 이른바 메시아에 봉사하는 일꾼으로 고린도에 있는 그의 적대자들(고후 11:23), 그리고 할례 받은 사람들의 봉사자로서 예수 자신을(롬 15:8) 지칭할 수 있었으며, 마찬가지로 하나님의 일꾼으로서(고후 6:4) 그리고 새 언약의 일꾼으로서(고후 3:6) 자기 자신과 자기의 패거리를 지칭하는 데 사용될 수 있었다.

'diakonos'라는 용어에 후대의 "집사(deacon)"의 의미를 부여하려는 사람들은 뵈뵈가 diakonos라는 사실에 곤혹스러움을 느낀다(롬 16:1). 바울은 이러한 직함들을 사용하여 통치 구조를 언급하지 않는다. 모임들은 여전히, 성령이 사람들을 선출하여 그들의 관직을 맡도록 하는 것이 아니라, 그들의 기능을 행사하도록 했던 카리스마적 집단들이었기 때문이다.

광범위한 다양한 은사들이 여기에 속한다 — 사절들, 예언자들, 가르치는 사람들, 병 고치는 사람들, 읽는 사람들, 기적 행하는 사람들, 안내하는 사람들, 방언 하는 사람들, 방언을 통역하는 사라들, 현자들, 영을 분별하는 사람들, 훈련시키는 사람들, 봉사하는 사람들, 배급하는 사람들, 후원하는 사람들, 자선을 베푸는 사람들, 목자들(고전 4:15, 12:8-10, 27-28, 롬 11:6-8).

이들 중 그 어느 누구에게도 통치하는 역할은 맡겨지지 않았다.

"감찰자들"이라는 말은 그들 가운데서 그저 스쳐 지나치듯 언급된 말일 뿐이다. "사제들(priests)"이라는 말은 전혀 나타나지도 않는다.

주

1) 개신교의 "목사"에 해당한다.

2) 롤라드Lollards는 14-16 세기 영국의 존 위클리프John Wycliffe의 설을 신봉하는 사람들이다.

3) 고함치는 사람들(Ranters)은 초기의 감리교 신자들을 일컫는 호칭이다. 그들의 열광적인 설교나 기도하는 태도에서 붙여진 이름이다.

4) 땅 파는 사람들(Diggers)은 17세기 영국 청교도 혁명 때에 나타났던 평등주의 운동단체로서, 사유재산 제도의 폐지를 제창했다. 그들이 공유지를 경작하려고 땅을 팠기 때문에 그러한 이름이 붙여졌다.

5)* N.T. Wright, *The Climax of the Covenant* (Fortress Press, 1993), pp. 41-55.

6) 그리스어에는 "복음을 전하다"를 뜻하는 하나의 동사가 있다. 그 동사를 "복음/기쁜 소식으로 전하다"로 번역한다.

7) 예수를 따르는 사람들, 예수를 믿는 사람들을 가리킨다.

8) 여기 사용된 "신뢰(trust)"라는 낱말이 나의 "신뢰심"을 뜻하는지, 나에 대한 하나님의 "신임"을 뜻하는지 명백하지 않다.

9) LXX는 70인역 그리스어 구약성서이다.

10) 예언서에서 *epistrephein*은 150여 회 사용되었으나 *metanoein*과 *strephein*은 각각 10여 회밖에 사용되지 않았다.

11) 원문에는 그저 "열둘"이라고 표현되었을 따름이지 "열두 사도들"라는 식으로 "사도들"이라는 꼬리말이 붙지 않았다.

12) 저자는 "게바에게 나타나시고 다음에 열둘에게 나타나셨습니다"(고전 15:5)와 "그 다음에 야고보에게 나타나시고, 그 다음에 모든 사절들에게 나타나셨습니다"(고전 15:7)를 한 문장으로 축약했다.

바울은 그렇게 가르치지 않았다

초판 발행 2007년 6월 15일
개정 1쇄 2012년 10월 8일

지은이 | 게리 윌스
옮긴이 | 김창락

발행인 | 권오현 부사장 | 임춘실
기획 | 이헌석 편집 | 이하나 디자인 | 안수진
마케팅 | 김영훈 · 강동근

펴낸곳 | 돋을새김
주소 | 서울시 종로구 이화동 27-2 부광빌딩 402호
전화 | 02-745-1854~5 팩스 | 02-745-1856
홈페이지 | http://blog.naver.com/doduls 전자우편 | doduls@naver.com
등록 | 1997.12.15. 제1-2262호
인쇄 | 금강인쇄(주)(02-852-1051)
용지 | 신승지류유통(주)(02-2270-4900)

ISBN 978-89-6167-098-2 (03230)
Korean Translation Copyright ⓒ 2007, 2012, 김창락

값 12,000원